ライフスタイルの社会学

データからみる日本社会の多様な格差

小林 盾―[著]

東京大学出版会

THE SOCIOLOGY OF LIFESTYLE
Diverse Patterns of Inequality in Japanese Society,
with Supporting Data
Jun KOBAYASHI
University of Tokyo Press, 2017
ISBN 978-4-13-056112-9

ライフスタイルの社会学 ──── 目　次

序章　ライフスタイルの多様性と格差社会 ——— 1

1. ライフスタイルとライフコースの変容　1
   - 1.1　豊かな社会の豊かなライフスタイル?　1
   - 1.2　ライフスタイルとは　2
   - 1.3　標準的ライフコース　3
   - 1.4　ライフコースの多様化　4
   - 1.5　ライフスタイルの多様化とライフスタイル格差　5
   - 1.6　ライフスタイルの領域（ドメイン）　7
2. 階層的地位によるライフスタイル格差?　8
   - 2.1　階層的地位　8
   - 2.2　階層格差としてのライフスタイル格差　8
   - 2.3　静かな格差はあるのか　10
3. 理論と方法　12
   - 3.1　合理的選択としてのライフスタイル　12
   - 3.2　アンケート調査データの統計分析　13
4. 各章の要約　14
5. 用語解説　18
   - 5.1　階層的地位　18
   - 5.2　統計分析　19

1章　美人，ハンサムは得なのか ——— 21
美容格差の分析

1. リサーチ・クエスチョン　21
   - 1.1　対人魅力の重要さ　21
   - 1.2　先行研究　22
   - 1.3　リサーチ・クエスチョン　23
   - 1.4　仮　説　23
2. 方　法　25
   - 2.1　データ　25
   - 2.2　主観的評価による容姿の測定　25
   - 2.3　従属変数　26

        2.4 独立変数 　28
　　3 　分析結果 　28
        3.1 　分　布 　28
        3.2 　容姿の規定要因（仮説1の検証） 　28
        3.3 　容姿の帰結（仮説2の検証） 　31
        3.4 　容姿の影響の男女差（仮説3の検証） 　33
　　4 　考　察 　34
        4.1 　分析結果の要約 　34
        4.2 　理念型 　35
        4.3 　先行研究との比較 　35
        4.4 　容姿における男性リーグと女性リーグ 　36
        4.5 　今後の課題 　37

2章　食べ物に貴賤はあるのか ——————— 39
食生活格差の分析

　　1 　リサーチ・クエスチョン 　39
        1.1 　職業威信スコアの散らばり 　39
        1.2 　文化威信スコア 　40
        1.3 　リサーチ・クエスチョンと仮説 　42
　　2 　方　法 　43
        2.1 　データ 　43
        2.2 　食料威信スコアの測定 　43
　　3 　分析結果 　45
        3.1 　分　布 　45
        3.2 　下位グループ間での比較（仮説1の検証） 　47
        3.3 　高級食, 中間食, 大衆食 　47
        3.4 　個人ごとの食料威信スコア（仮説2の検証） 　48
        3.5 　食生活満足度への影響（仮説3の検証） 　49
　　4 　考　察 　50
        4.1 　分析結果の要約 　50
        4.2 　心の中の引き出し 　52
        4.3 　社会規範の構築 　53

4.4　今後の課題　53

3章　なぜ海藻格差は階層格差なのか ―― 55
副菜格差の分析

1　リサーチ・クエスチョン　55
　　1.1　エンゲル係数の低下　55
　　1.2　リサーチ・クエスチョン　56
　　1.3　先行研究　57
　　1.4　仮　説　57
2　方　法　58
　　2.1　データ　58
　　2.2　事　例　58
　　2.3　従属変数　59
3　分析結果　60
　　3.1　分　布　60
　　3.2　属性グループ別の比較　60
　　3.3　階層グループ別の比較　62
　　3.4　回帰分析（仮説の検証）　63
4　考　察　64
　　4.1　分析結果の要約　64
　　4.2　海藻格差は階層格差　65
　　4.3　副菜というリトマス試験紙　66
　　4.4　なにを食べないかという選択　66
　　4.5　今後の課題　67

4章　趣味はオムニボア（雑食）かユニボア（偏食）か ―― 69
文化格差の分析

1　リサーチ・クエスチョン　69
　　1.1　余暇時間の増加　69
　　1.2　生産の不平等と消費の不平等　69

    1.3 リサーチ・クエスチョン　71
    1.4 分析社会学と合理的選択理論　71
    1.5 仮　説　73
  2 方　法　75
    2.1 データ　75
    2.2 従属変数　75
    2.3 幾何平均としての文化的オムニボア　77
    2.4 独立変数　79
    2.5 統制変数　79
  3 分析結果　79
    3.1 分　布　79
    3.2 グループ別の比較　80
    3.3 回帰分析（仮説1, 2の検証）　81
    3.4 頑健性のチェック　82
  4 考　察　83
    4.1 分析結果の要約　83
    4.2 先行研究との比較　84
    4.3 今後の課題　85

5章　何人と交際すれば結婚できるのか ―― 87
恋愛格差の分析

  1 リサーチ・クエスチョン　87
    1.1 恋愛結婚の増加　87
    1.2 先行研究　88
    1.3 リサーチ・クエスチョン　89
    1.4 「恋愛への投資」と「結婚による回収」　89
    1.5 社会関係資本（ソーシャル・キャピタル）としての恋愛　91
    1.6 仮　説　91
  2 方　法　92
    2.1 データ　92
    2.2 従属変数　93
    2.3 独立変数と分析方法　93

3 分析結果　94
　　3.1 分　布　94
　　3.2 グループ別の交際人数　95
　　3.3 グループ別の結婚　95
　　3.4 教育別のロジスティック回帰分析結果（仮説1, 2の検証）　96
　　3.5 教育別，男女別のロジスティック回帰分析結果　98
　　3.6 頑健性のチェック　98
4 考　察　98
　　4.1 分析結果の要約　98
　　4.2 交際人数はネットワークの大きさを表すのか　100
　　4.3 恋愛を結婚にシフトさせるには　100
　　4.4 今後の課題　100

6章　婚活における三高神話は健在なのか ―― 103
結婚格差の分析

1 リサーチ・クエスチョン　103
　　1.1 生涯未婚率の上昇　103
　　1.2 先行研究　104
　　1.3 リサーチ・クエスチョン　105
　　1.4 仮　説　105
2 方　法　106
　　2.1 データ　106
　　2.2 見合い事業のステップ　107
　　2.3 分析方法　109
　　2.4 従属変数　109
　　2.5 独立変数，統制変数　111
3 分析結果　112
　　3.1 カプラン・マイヤー・プロット　112
　　3.2 グループ別の比較　112
　　3.3 イベント・ヒストリー分析（仮説1, 2の検証）　113
　　3.4 結婚のチャンスの違い　114
　　3.5 頑健性のチェック　115

4　考　察　116
　　　　4.1　分析結果の要約　116
　　　　4.2　理念型　117
　　　　4.3　婚活を成功させるには　117
　　　　4.4　結婚支援は恋愛支援　118
　　　　4.5　今後の課題　118

7章　学歴かコネか ─────────────── 121
就職活動格差の分析

　　1　リサーチ・クエスチョン　121
　　　　1.1　多様な求職方法　121
　　　　1.2　リサーチ・クエスチョン　121
　　　　1.3　縁故の効果：グラノヴェターの分析　123
　　　　1.4　教育と縁故の比較：佐藤嘉倫の分析　123
　　　　1.5　仮　説　124
　　2　方　法　125
　　　　2.1　データ　125
　　　　2.2　従属変数　126
　　　　2.3　独立変数と統制変数　127
　　3　分析結果　128
　　　　3.1　分　布　128
　　　　3.2　グループ別の比較　128
　　　　3.3　回帰分析（仮説1, 2の検証）　129
　　　　3.4　頑健性のチェック　131
　　4　考　察　131
　　　　4.1　分析結果の要約　131
　　　　4.2　縁故はいつ役立つのか　132
　　　　4.3　カタパルト効果よりブレーキ効果　133
　　　　4.4　就職活動を成功させるには　134
　　　　4.5　今後の課題　134

8章　だれが職場で手抜きするのか ——————————— 135
仕事格差の分析

1. リサーチ・クエスチョン　135
   - 1.1　労働時間の減少　135
   - 1.2　リサーチ・クエスチョン　136
   - 1.3　先行研究　137
   - 1.4　仮　説　138
2. 方　法　139
   - 2.1　データ　139
   - 2.2　従属変数　139
   - 2.3　独立変数と統制変数　140
3. 分析結果　141
   - 3.1　分　布　141
   - 3.2　グループ別の比較　143
   - 3.3　回帰分析によるフリーライダーの規定要因（仮説1の検証）　143
   - 3.4　回帰分析によるワーク・ライフ・バランスへの効果（仮説2の検証）　144
   - 3.5　頑健性のチェック　145
4. 考　察　145
   - 4.1　分析結果の要約　145
   - 4.2　フリーライダーというライフスタイル　147
   - 4.3　今後の課題　147

9章　なぜ幸福と満足は一致しないのか ——————————— 149
幸福格差の分析

1. リサーチ・クエスチョン　149
   - 1.1　幸福感と満足度の推移　149
   - 1.2　代表的調査での比較　150
   - 1.3　先行研究　151
   - 1.4　リサーチ・クエスチョン　152
   - 1.5　仮　説　153
2. 方　法　154

2.1　データ　154
　　2.2　質　問　154
　　2.3　従属変数　155
　　2.4　独立変数と統制変数　156
　　2.5　統計モデル　156
　3　分析結果　156
　　3.1　分　布　156
　　3.2　クロス表　157
　　3.3　グループ別の比較　158
　　3.4　ロジスティック回帰分析（仮説 1, 2 の検証）　158
　　3.5　頑健性のチェック　159
　4　考　察　161
　　4.1　分析結果の要約　161
　　4.2　理念型　162
　　4.3　よく似た姉妹　162
　　4.4　今後の課題　162

終章　豊かなライフスタイルの未来に向けて　165

　1　ライフスタイル格差はあったのか　165
　　1.1　分析結果の要約　165
　　1.2　ライフスタイル格差の規定構造　167
　　1.3　理念型　168
　　1.4　ライフスタイル時計をはめる　168
　2　なぜライフスタイル格差社会なのか　169
　　2.1　個人間格差とグループ間格差　169
　　2.2　シミュレーションによる 4 つの社会像：平等社会と階層化社会，個人化社会と格差社会　170
　　2.3　現代の日本社会はどれか　173
　3　どのような未来がライフスタイルにあるのか　174
　　3.1　多様な社会はどのような未来に向かうのか　174
　　3.2　個人化社会と格差社会におけるライフスタイル　176
　　3.3　極地から温暖な土地へ旅をする　177

4　今後の課題　178

付録　2015年暮らしについての西東京市民調査　調査票　179

文　献　187

あとがき　197

索　引　205

序章
ライフスタイルの多様性と格差社会

1 ── ライフスタイルとライフコースの変容

1.1 ── 豊かな社会の豊かなライフスタイル？

　どうすれば，現代日本のような経済的にも文化的にも豊かな社会の中で，豊かなライフスタイルを送ることができるだろうか．ライフスタイルが多様化するなか，人びとは豊かなライフスタイルを平等に実践しているのだろうか．それともそこには格差があり，その格差も多様化しているのだろうか．格差があるとしたら，なぜライフスタイル格差社会となっているのだろうか．成熟した豊かな社会に相応しい豊かなライフスタイルの未来とは，どのようなものだろうか．

　この本のねらいは，こうした謎に，社会学の立場からチャレンジすることにある．現代のように人びとのライフスタイルが多様化したら，一見すると人びとがさまざまなライフスタイルを選べるので，平等に豊かなライフスタイルを送れそうに見える．しかし，もしかしたらかえって，隠れた格差が静かに拡大しつつあるのかもしれない．

　この本の特色は第1に，対象として，これまで見過ごされがちだった「ライフスタイルにおける格差」にアタックすることにある．こうすることで，生産における格差だけでなく，消費活動や余暇活動における格差も分析することができる．世の中には（子どもや学生など）働けない人，（主婦や退職者など）働く必要がない人もいる．そうした人でも，毎日食事をしなくてはならないし，なにかしら趣味をもっているだろう．そのため，生産における格差には関わら

ない人もいるが，ライフスタイル格差にはすべての人が関わらざるをえない．

　第 2 に，美容や趣味や恋愛や幸福といった 9 つの領域（ドメイン）にライフスタイルを分割したうえで，1 つ 1 つ丁寧に分析する．9 領域は，いわばライフスタイル研究における「地図」の役割を果たす．こうすることで，ライフスタイルの多面性を損なうことなく，全体像を俯瞰することが可能となろう．

　第 3 に，理論として合理的選択理論を用いて仮説を立てて，「こういうメカニズムがあるからこうなるのだろう」と見立てをする．こうすることで，統一的視点に立って，ライフスタイルの 9 領域を串刺しにして分析できる．合理的選択理論は，社会現象を個人レベルに分解して，心理メカニズムを解明することに優れている．

　第 4 に，エビデンスとしてランダム・サンプリング（無作為抽出）されたアンケート調査データを用い，統計分析によって仮説を科学的に検証する．さらに，9 領域を 1 つのデータで分析するのではなく，領域ごとにもっとも適した 9 つのデータを用いる．

1.2 ── ライフスタイルとは

　社会生活基本調査によれば，過去 40 年間で，睡眠，食事など生理的活動である「1 次活動」は 10 時間強でおおきな変化がない（**図 0.1**）．これにたいし，仕事，学業，家事など社会生活上の義務的活動である「2 次活動」が 8 時間から 7 時間ほどへと減少し，趣味，社会的活動，付き合いといった自由時間における活動である「3 次活動」は 5 時間半から 6 時間半へと増加した．

　我われは日々，仕事や家族との関わりを中心としながら，食事や飲酒をし，趣味を楽しみ，友人とお喋りし，ときどき旅行をするだろう．この本では，こうした活動をまとめて扱えるよう，ライフスタイルという言葉でつぎのように整理することにしよう．ライフスタイルには，社会生活基本調査における 1 次から 3 次まですべての活動が含まれることになるし，行動だけでなく心理も含まれる．もともと，「ライフ」は膨らみのある言葉で，毎日の「生活」や「暮らし」から，もっと長い「人生」や「一生」という意味まで含まれる．

定義（ライフスタイル）．人びとが「ある一時点でどのように生きているのか」

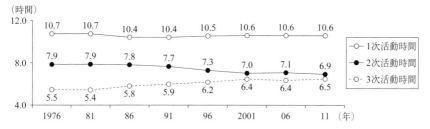

図 0.1 活動時間の推移
注）出典：社会生活基本調査．1次活動には睡眠，身の回りの用事，食事が，2次活動には通勤・通学，仕事，学業，家事，介護・看護，育児，買い物が，3次活動には移動，テレビ・ラジオ・新聞・雑誌，休養・くつろぎ，学習・研究，趣味・娯楽，スポーツ，社会的活動，交際・付き合い，受診・療養，その他が含まれる．

を単純化し共通パターン化したものを，「ライフスタイル」とよぶ．睡眠や食事などの1次活動，仕事や学業などの2次活動，趣味や付き合いなどの3次活動，幸福感や感情や宗教などの心理状態を含む．ただし，性別，年齢，身長のように本人がコントロールできないものは，含まない．

中井（2011）は，ライフスタイルを「消費活動や余暇などの慣習行動」と定義する．この本では，中井より幅広くライフスタイルを捉えている．なお，これまで生活構造論でもライフスタイルが分析されてきたが，この本とはねらいが異なっている．

1.3 ── 標準的ライフコース

ライフスタイルがある一時点に着目しているのにたいし，ライフコースは以下のように時系列の推移に着目し，人びとが「人生を通してどのように生きてきたのか」をパターン化したものである．

定義（ライフコース）．人びとが「人生を通してどのように生きているのか」を単純化し共通パターン化したものを，「ライフコース」とよぶ（ライフスタイルとライフコースについては山田・小林編（2015）参照）．

振りかえると，日本社会においてはかつて多くの人が同じように教育を受け，

正社員として就職し，結婚して子どもをもち，女性は専業主婦となった．こうした「標準的ライフコース」は，戦後から（1970年代前半までの）高度経済成長期を経て拡大し，一億総中流社会といわれた．その結果，日本社会は経済的にも文化的にも豊かな社会を実現してきた．

これに対応する形で，夫が働き妻は専業主婦となり，地縁や血縁より友人関係を大切にし，余暇に趣味や旅行をすることが一般的となった．夕食は家で手料理を食べ，家には1人が1部屋をもち，テレビやクーラーや車があるだろう．いわば「標準的ライフスタイル」が確立されたのである．そして，多くの日本人がこれを「憧れのライフスタイル」として共有していたことだろう．

たとえば，1961-71年の映画「若大将シリーズ」で，加山雄三演じる主人公はスポーツ万能の大学生であり，ギターを演奏しながら「君といつまでも」を歌い，友情に厚く，女性に人気があると描かれる．これが，当時理想のライフスタイルの一典型だったのだろう．

1.4 ── ライフコースの多様化

ところが，1980年ごろから社会が流動化しはじめ，ライフコースの多様化が始まった．大学進学率は上昇し50%を超え，大学に進学する人としない人に分かれた（図 0.2）．働き方も多様化した．派遣，契約，パート，アルバイトといった非正規雇用者が，現在では3人に1人へと増加した．女性の社会進出も進み，その結果共働き世帯が増え，2015年に共働き世帯が夫婦のうち6割を超えた．

一方，生涯未婚率（50歳時点での未婚率）をみると，1925年に1%台とほぼ皆婚社会だった．それが，2010年には男性19.4%，女性9.8%へと増えた（6章の図 6.1）．結婚しても，現在では約3組に1組が離婚する．同じ期間に合計特殊出生率（1人の女性が生涯に出産する人数）は5.1人から1.4人へと低下し，子どもをもつことが当たり前ではなくなった（人口動態統計，2015年は1.5人）．

このように，かつて仕事も恋愛も結婚も出産もいわば必修科目だったのが，現在では選択科目となっている．その結果，日本社会では教育，キャリア形成，家族形成が急速に多様化したため，ライフコースが変容し，標準的ライフコースを歩むことが難しくなった．

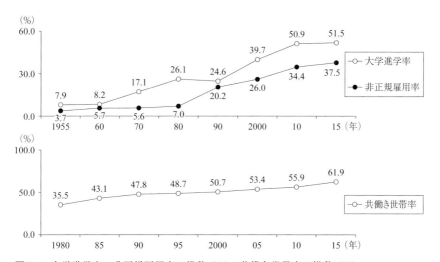

図 0.2 大学進学率，非正規雇用率の推移（上），共働き世帯率の推移（下）
注）出典：大学進学率は学校基本調査，非正規雇用率と共働き世帯率は労働力調査．大学進学率には過年度卒（浪人）を含み，短大進学を含まない．非正規雇用率は「非正規の職員・従業員」の「正規の職員・従業員」との合計における比率．1980年までは臨時・日雇率．共働き世帯率は専業主婦世帯との合計における比率．

　ここで，多様化を定義しておこう．たとえば，全員がかならず結婚するような社会には，結婚について多様性がなく，一様である．

定義（多様化）．人びとの行動や心理に散らばりが増えたとき，「多様化した」という．そうした散らばりがあるとき「多様性がある」といい，散らばりがなく全員が同じとき「一様である」という．

1.5 ── ライフスタイルの多様化とライフスタイル格差

　それでは，ライフコースの多様化は，ライフスタイルにどのような影響を与えたのだろうか．その結果，人びとの間でライフスタイルに違いは生まれなかったのだろうか．

　これまで社会的不平等研究（社会階層研究）では，教育や職業や家族形成といったライフコースにおける格差を中心に研究されてきた．また，マルクス『資本論』のように，生産における不平等の分析は蓄積されてきたが，ライフスタイルのような消費や余暇活動は周辺的なものと位置づけられてきた．その

ため，ライフスタイルにおける格差が分析されることは少なかった．

　しかし，高校を卒業したあと非正規雇用で働き生涯を未婚で過ごす人と，大学卒業後に正社員となって結婚し子どもをもつ人が，はたして同じライフスタイルを送れるのだろうか．むしろ，ライフコースの多様化にともない，ライフスタイルも変容し，多様化したはずである．

　では，ライフスタイルが多様化した結果，人びとは豊かなライフスタイルを「平等に」実践するようになったのだろうか．それとも，なにかしら格差があるのだろうか．これを，この本全体で解くべきリサーチ・クエスチョンとしよう．もし格差がある場合，そうした社会を「ライフスタイル格差社会」とよぶ．

この本全体のリサーチ・クエスチョン（ライフスタイル格差）．ライフスタイルが多様化した結果，人びとは平等な形で豊かなライフスタイルを実践しているのか．それとも，かえってライフスタイル格差が生じ，ライフスタイル格差社会となっているのか．そもそも，豊かで多様な社会において，ライフスタイルが多様でありながら格差のない社会は可能なのか．可能だとすれば，その条件はなにか．

　素朴に考えると，ライフスタイルが多様化して選択の幅が増えれば，（クラシック音楽のコンサートに行く，美術館に行くなど）これまでできなかったことができるようになる．その結果，多くの人が豊かなライフスタイルを送れるようになって，格差が減っていくように思える．本当だろうか．

　もしかしたら，ある人びとは望み通りのライフスタイルを実践できるが，別の人びとはあきらめて別のライフスタイルを選択せざるをえないかもしれない．ある人びとには多くの選択肢があるが，別の人びとには限られた（場合によっては1つの）選択肢しかないかもしれない．

　そもそも，我われは歌謡曲を聴いてもよいし，聴かなくてもよい．プロ野球中継を見てもよいし，見なくてもよい．寿司を毎日食べてもよいし，まったく食べなくてもよい．このように，我われは日々，どのようなライフスタイルを実践するかを選択し，同時に「なにをしないか」を選択しているといえる．これらは，一見すると個人的な好みの問題のようにみえる．しかし，もしかした

図 0.3 この本で扱うライフスタイルの諸領域（ドメイン）
注）（　）内はカテゴリー．

らその背後に社会構造が潜んでいて，自分たちで気づかないうちに特定のものを選択し，そして特定のものを避けているかもしれない．

もしそうならば，現代日本にはライフスタイル格差が存在しているかもしれない．それだけでなく，ライフスタイル格差が人びとの間の社会的不平等を固定し，さらには拡大させる可能性もある．ライフスタイルをめぐるこうした格差が未解明なままだと，我々はともすれば格差のメカニズムを見誤ってしまうやもしれない．

1.6 ── ライフスタイルの領域（ドメイン）

一般に，大きな問題にアタックするとき，「分割して統治する」ことが役立つ．そこで，ライフスタイルを趣味，食事，家族関係，仕事などといったさまざまな「下位領域」（ドメイン）に分割して分析しよう．ライフスタイルの諸領域は，いわばライフスタイル格差を考えるうえで「地図」の役割を果たし，全体像を提供するだろう．

図 0.3 は，この本で扱う領域を表す．そうした領域の総体として，個人のライフスタイルを捉えよう．

ライフスタイルの領域に着目することで，領域ごとの格差を分析できる．これまでのライフスタイル研究では，（音楽，美術，スポーツ，食事といった）複数の領域をひとまとめにして分析してきた．そのため，あたかもどの領域でも同一のメカニズムが働いていることが前提とされてきた（たとえば中井 (2011)）．しかし，このことはけっして自明ではない．音楽におけるメカニズ

ムが，食事におけるメカニズムと一致するとは限らないだろう．

そこで，この本ではライフスタイルを下位領域に分解したうえで，各領域内にどのような格差があり，それぞれでどのようなメカニズムが働いているのかを分析する．そのうえで，最終的には領域を横断して俯瞰したとき，現代日本でどのようなメカニズムがライフスタイルに働いているのかを解明する．

ただし，図 **0.3** でライフスタイルのすべての領域が網羅されているわけではない．他に友人関係，メディア接触，音楽，スポーツ，ファッション，旅行，ギャンブルといった領域も，あるだろう．ウェル・ビーイングには，他に健康やストレスが含まれる．

2 ── 階層的地位によるライフスタイル格差？

2.1 ── 階層的地位

ここまで，「格差」という言葉をとくに定義しないで使用してきた．そこで，ここで格差をはじめ，いくつか重要な概念を定義しておこう．

性別，年齢，身長，（日本社会では目立たないが）人種などは，本人がコントロールできないので「属性」とよばれる．これにたいし，以下の階層的地位は本人が達成したものである（階層的地位は，「社会経済的地位」ともいう）．

定義（階層的地位）．ある個人の社会的な位置づけを「地位」とよび，とくに教育，職業，収入のように達成されたものに基づく地位を「階層的地位」（または社会経済的地位）とよぶ．教育的地位によるグループを「教育グループ」（または教育階層）と，職業的地位によるグループを「職業グループ」（または職業階層）と，収入的地位によるグループを「収入グループ」（または収入階層）とよぶ．

2.2 ── 階層格差としてのライフスタイル格差

高校卒の人たち，事務職の人たちなど，同じ階層的地位にいる人たちは，グループとして同じようなライフスタイルを送っているかもしれない．たとえば，ある教育グループや収入グループの人たちは美術館によく行くが，別のグルー

プはまったく行かないかもしれない．ある職業グループは競馬をすることが多いが，別のグループはまったくしないかもしれない．

仮定（階層的地位グループごとのライフスタイル）．人びとは，同じ階層的地位グループにいると，同じようなライフスタイルを実践するだろう．

　もしグループによってライフスタイルにそうした違い・偏りがあるならば，つぎのように階層格差を定義できる（階層格差は「社会的不平等」ともいう）．個人ごとの違い（個人間格差）ではなく，グループごとの違い（グループ間格差）として定義されていることに，注意してほしい（個人間の格差とグループ間の格差については終章で詳しく検討する）．階層的地位グループは，たんに階層グループとよぶこともある．分布とは，行動や心理の「散らばり方」を表す．

定義（格差）．人びとの行動や心理に，「上下」「優劣」などの序列が社会的に意味づけされていて，さらに（個人やグループによって）散らばりがあるとき，「格差がある」という．散らばりがないとき，平等であるという．

定義（階層格差）．階層的地位グループによって，人びとの行動や心理に（分布や平均などで）違い・偏りがあるとき，「階層格差がある」という．階層的地位グループによって違い・偏り（ズレ）がないとき，階層グループ間で格差がなく，平等であるという．

　ここから，以下のようにライフスタイル格差が定義できる．

定義（ライフスタイル格差）．階層的地位グループによって，ライフスタイルに違い・偏り（ズレ）があるとき，「ライフスタイル格差がある」という．階層的地位グループによって違い・偏りがないとき，「ライフスタイル格差がない」という．

この本では，代表的な階層的地位である教育，職業，収入グループに着目し，それらがどのようなライフスタイル格差を生みだしているのかをもっぱら分析していこう．こうして，ライフスタイル格差の意味を明確にできたので，先のリサーチ・クエスチョンを以下のようにより限定することができる．

限定されたリサーチ・クエスチョン（ライフスタイル格差の規定構造）． 教育，職業，収入における階層的地位グループによって，ライフスタイルの領域ごとに階層格差はあるのか．その結果，階層的地位は，どのようにライフスタイルを規定するのか．

吉川は，社会現象の因果関係における原因（独立変数）を「ネジ」と表現する（吉川（2014））．ここでは，それに対応させて，その結果（従属変数）を「時計の針」にたとえてみよう．ネジを巻くことで，針が動く．すると，このリサーチ・クエスチョンは「階層的地位グループというネジが，どのようにライフスタイルという針を動かすのか」という問いへと，いいかえることができる．この本のすべての章で，このリサーチ・クエスチョンに基づいて，ライフスタイル格差における階層的地位の役割を分析することになる．

2.3 ── 静かな格差はあるのか

200年前，1000年前であれば，食事や趣味や結婚相手や仕事をあれこれ選べるのは，ごく限られた恵まれた階層的地位の人たちだけだっただろう．その意味で，かつてはたしかにライフスタイルに格差があったといえる．

では，現代社会ではどうなのだろうか．オペラ音楽でもロックでも演歌でも，レコードやCDの値段に違いはない．近年ではソーシャル・メディアを通して，自由に試聴できるようになった．スポーツをテレビやインターネットで観戦しようとすれば，無料でできる．回転寿司店やファミリーレストランが普及したおかげで，ほとんどの料理は1000円以内で食べることができる．結婚の自由，職業選択の自由，信教の自由は，憲法によって保障されている．

その結果，以前と比較すれば，だれでもほぼ制約なくライフスタイルを選べるようになったといえる．つまり，現代社会では飛躍的に決定の範囲が拡大し

図 0.4 仮説
注）矢印は因果関係を表す．

たのである．その結果，どのようなライフスタイルを実践するのかが階層的地位によって偏ることなく，どのグループでも同じように実践できるようになっていても，おかしくはない．

それでは，階層的地位による違いはなくなったのだろうか．そうかもしれないが，別の形になって格差が見えにくくなっているのかもしれない．たとえば，我われは「なんとなく美術館に行くのは高尚で，パチンコは大衆的だ」というイメージを共有している．「寿司や天ぷらは高級で，カップ麺やポテトチップはそうでもない」「ワインの知識をもっているとオシャレだけど，焼酎だとそうとはいえない」と感じる人が多いだろう．

なぜだろうか．どの階層的地位にいたとしても，だれもが同じようにライフスタイルを実践しているなら，このような序列はないはずである．そこで，つぎのように仮説を立てよう（図 0.4）．これは，「階層的地位グループというネジが原因となって，ライフスタイル格差という針を結果として促進している可能性がある」といいかえることができる．

この本全体の仮説（多様化の帰結としてのライフスタイル格差社会）．現代の日本社会では人びとのライフスタイルが多様化した結果，かえって階層的地位グループによる違い・偏りが人びとの間に生まれて，ライフスタイル格差社会となっているだろう．

教育や職業や収入における格差は，形となって見えやすい．この意味で，それらは「ビビッドな格差」といえる．これにたいし，ライフスタイルの各領域における格差は，すべての人が関わっているにもかかわらず，かならずしも見えやすいわけではない．その点で，いわば隠れた「静かな格差」といえ，それゆえ人知れず進行しているかもしれない．この本は，そうしたライフスタイル

における静かな格差に，とくに着目していく．

3 —— 理論と方法

3.1 —— 合理的選択としてのライフスタイル

　ライフスタイル格差を分析するのに，どのような理論が相応しいだろうか．そもそも，人間は（機械や動物と比べて）複雑な存在である．そのため，行動や心理はランダムに発生するのではなく，なにかしらのパターンがあるだろう．

　この本では，人びとがなぜあるライフスタイルを実践するのか，その「心理メカニズム」に着目したい．そのために，理論として合理的選択理論を用いる．その1つであるベッカーの人的資本論によれば，人は時間や労力を投資し，（教育や健康といった）人的資本を自分の中に蓄積した結果，職業達成や収入達成という形で回収する（Becker（1964））．リンなどの社会関係資本論では，同様に投資し，（フォーマルなネットワークやインフォーマルなコネといった）社会関係資本を蓄積する（Lin（2001））．

　この本では，この枠組みを拡大して，「人びとは資本に投資し蓄積して，豊かなライフスタイルとして回収する」と仮定してみよう（図 0.5）．そのため，各章では「人びとがどのような目的をもって，なにに投資し，なにを蓄積して，その結果なにを回収したのか」を想像していくことになる．

仮定（合理的選択としてのライフスタイル）．人びとは，時間や労力を人的資本や社会関係資本に投資し，豊かなライフスタイルとして回収する．この意味で，ライフスタイルとは合理的に行動した結果である．

　このように，合理的選択理論は社会現象を個人レベルに分解し，心理メカニズムを解明することに優れている．その結果，具体的で反証可能な仮説を導出することができる．すべての章で合理的選択理論を明示的に使用しているわけではないが，仮説を考えるときに背景となっている．

　ライフスタイル研究ではしばしば，「女性ほど趣味に時間をとれるため，観劇によくいくだろう」といったアドホック（その場限り）な説明や，「年輩の

図 0.5 仮定（合理的選択としてのライフスタイル）
注）矢印は因果関係を表す．

人ほどボランティア活動が好きなため，ボランティアをするだろう」というような同語反復的な説明が多かった．これにたいし，合理的選択理論で仮説を立てれば，さまざまな現象を統一的な視点から理解できる．いわば，強力な方位磁石を使用するようなものである（合理的選択理論の考え方については小林（2014b），小林（2016a）が詳しい）．

3.2 ── アンケート調査データの統計分析

それでは，どのような方法でライフスタイル格差を分析するべきだろうか．この本では，ランダム・サンプリング（無作為抽出）されたアンケート調査データをエビデンスとして用いて，統計分析することとする．なぜか．こうした量的データは，全体像を把握するときに役立つ（身の回りを観察するだけでは「半径 5 メートル以内での推測」のようなもので，偏りが避けられない）．いわば，鳥のように地上を離れて，上空から見下ろすようなものだ．

これにたいして，インタビュー調査やフィールド調査のような質的データは，メカニズムを深く理解したいときに適する．一長一短のため，今回は量的データ分析で統一した．

ランダム・サンプリングされたデータのため，数百から数千人のデータであっても，統計的推測によって，日本社会全体を科学的に把握することが可能となる．この本では，9 つの領域ごとにそれぞれ最適なデータを選択したため，9 つの異なるデータを用いることとなった．その結果，1 つのデータで分析する場合と比べて，ライフスタイルに複眼的にアプローチすることができるだろう．独立変数，従属変数とともに整理すると，**表 0.1** となる．

この本の仮説に沿って，独立変数が階層的地位グループ，従属変数がライフスタイル領域となっている．ただし，第 1 章（美容）のみ，美容が独立変数で，従属変数の階層的地位を説明する形となっている．

表 0.1　各章の概要

章	領域	カテゴリー	データ	独立変数	従属変数
1	美容	ウェル・ビーイング	2015年西東京市民調査	美容	階層的地位
2	食生活	文化活動	2011年西東京市民調査	階層的地位	食生活
3	副業	文化活動	2009年，2010年西東京市民調査	階層的地位	副業
4	趣味	文化活動	2015年SSP調査	階層的地位	趣味
5	恋愛	家族形成	2011年東京都民調査	交際人数と階層的地位	結婚
6	結婚	家族形成	2015年えひめセンター調査	階層的地位	結婚
7	就職活動	キャリア形成	2005年SSM調査	求職方法と階層的地位	就職
8	仕事	キャリア形成	JGSS-2009 LCS調査	階層的地位	働き方
9	幸福	ウェル・ビーイング	2014年西東京市民調査	階層的地位	幸福

注）データはすべてランダム・サンプリングされた量的データ．調査名は略称（正式名称は各章の調査の概要を参照）．「～と～」は交互作用を表す．

なお，美容，食生活，幸福の分析では，筆者が担当する授業で郵送調査を実施してデータ収集した（図0.6）．教育と研究を橋渡しする，1つの試みとなっていよう（授業におけるランダム・サンプリング調査の実施方法については金井・小林・渡邉（2012））．

4 ── 各章の要約

研究とは，推理小説における「謎解き」のようなものかもしれない．リサーチ・クエスチョンによって謎が提示され（だれかが殺された！　犯人はだれだ？），仮説によって犯人の候補が提案される（あの人が怪しい！）．分析によって犯人像がじょじょに絞られ，最終的にリサーチ・クエスチョンへの回答によって謎が解きあかされる（犯人はあなたですね？）．読者は，探偵になったつもりで，仮説を疑いつつ推理してみてほしい（仮説が正しいとは限らない，むしろ疑わしい）．

そこで，推理しやすくなるよう，各章の構成をできるだけ共通化した．すべ

図 0.6 成蹊大学における調査実施の様子（左），調査票送付セット（右）
注）写真はどちらも，2016 年度授業「社会調査演習」における郵送調査．

ての章が 4 節で構成され，「第 1 節　リサーチ・クエスチョン」，「第 2 節　方法」，「第 3 節　分析結果」，「第 4 節　考察」となっている．冒頭でまずその章で解くべき「リサーチ・クエスチョン」が提示され，「仮説」が 1-3 個ほど設定される．データ分析として 1 変数の「分布」，2 変数の「グループ別比較」，3 変数以上の「回帰分析」が行われる．分析結果が，各章末尾で「リサーチ・クエスチョンへの回答」として整理されている．

この流れに沿って，図として「仮説」「分布」「グループ別の比較」「分析結果の要約」が，表として「調査の概要」と「多変量解析結果」がかならず入っている．図と表だけを眺めても，その章のおよその内容が把握できることだろう．

各章は，独立して読める．まずこの序章を読み，そのあと関心のある章に移ってほしい．第 1 章から第 9 章への流れは，美容や食生活など身近なものから，恋愛，結婚，仕事などを経て幸福感に至る．終章で，全体の分析をまとめて，ライフスタイルの未来を検討する．各章の要約は，以下のとおりである．

第 1 章　美人，ハンサムは得なのか──美容格差の分析

この章では，人びとの「美容」の程度によって，階層グループ（とくに職業と収入）に偏りがないのかを分析する．分析の結果，美しい人ほど，職業や収入で利益を得ていた．この影響は，おおむね男性のほうが大きかった（つまり，ハンサムは得をすることがあるが，美人はそれほどでもなかった）．したがっ

て，人びとの階層的地位（職業，男性のみ収入），家族形成，心理には，容姿による偏りがあったので，「美容による格差」があった．以上から，容姿は階層的地位（とくにキャリア形成）を通して，人びとのライフスタイルを規定していた．

第2章　食べ物に貴賤はあるのか──食生活格差の分析

　この章では，階層グループによって，人びとが普段食べる「料理の格」に偏りがあるのかを分析する．分析の結果，教育が高いと格の高い料理を食べ，さらにそうした人が食生活に満足していた．したがって，人びとが食べる料理の格と食生活満足度には，教育による偏りがあったので，「食生活格差」があった．以上から，階層的地位（とくに教育）は食生活を通して，人びとのライフスタイルを規定していた．

第3章　なぜ海藻格差は階層格差なのか──副菜格差の分析

　この章では，階層グループによって，野菜や海藻といった「副菜」の食べ方に偏りがないのかを分析する．分析の結果，教育と収入が高い人ほど，副菜のうち野菜や海藻をよく食べていた．したがって，副菜の摂取には，教育と収入による偏りがあったので，「野菜格差」と「海藻格差」があった．以上から，階層的地位（とくに教育と収入）は副菜を通して，人びとのライフスタイルを規定していた．

第4章　趣味はオムニボア（雑食）かユニボア（偏食）か──文化格差の分析

　この章では，階層グループによって，人びとの「趣味」のもち方に偏りがないのかを分析する．分析の結果，収入が多い人ほど，高級なものからそうでないものまで多様な文化活動を，雑食的に実践していた．したがって，人びとの文化活動には，収入による偏りがあったので，「文化格差」があった．以上から，階層的地位（とくに収入）は趣味という文化活動を通して，人びとのライフスタイルを規定していた．

第5章　何人と交際すれば結婚できるのか――恋愛格差の分析

　この章では，階層グループによって，人びとの「恋愛」が結婚に移行する仕方に偏りがないのかを分析する．分析の結果，教育グループによって交際人数の効果が異なっていた．したがって，恋愛から結婚への移行には，教育による偏りがあったので，「恋愛格差」があった．以上から，階層的地位（とくに教育）は恋愛と結婚を通して，人びとのライフスタイルを規定していた．

第6章　婚活における三高神話は健在なのか――結婚格差の分析

　この章では，階層グループによって，人びとの「結婚」のチャンスに偏りがないのかを分析する．分析の結果，教育，職業，収入が高い人ほど結婚しやすかったが，これは男性にのみ当てはまった．したがって，結婚チャンスには，男性で教育，職業，収入による偏りがあったので，「結婚格差」があったが，女性ではなかった．以上から，階層的地位（教育，職業，収入）は結婚を通して，男性のライフスタイルを規定していた．

第7章　学歴かコネか――就職活動格差の分析

　この章では，人びとの「就職活動」の仕方によって，階層的地位（とくに職業）に偏りがないのかを分析する．分析の結果，教育グループによって縁故の効果が異なった．したがって，初職の就職活動の仕方には，教育による偏りがあったので，「就職活動格差」があった．以上から，階層的地位（とくに教育）は就職活動を通して，人びとのライフスタイルを規定していた．

第8章　だれが職場で手抜きするのか――仕事格差の分析

　この章では，階層グループによって，人びとの「仕事」への取り組み方に偏りがないのかを分析する．分析の結果，職業や収入が高い人ほど，フリーライダーとはならず仕事で手を抜かなかった．ただし，そうした人はかえってワーク・ライフ・バランスが悪かった．したがって，職場でフリーライダーとなるかには，職業による偏りがあったので，「仕事格差」があった．以上から，階層的地位（とくに職業）は仕事とワーク・ライフ・バランスを通して，人びとのライフスタイルを規定していた．

第 9 章　なぜ幸福と満足は一致しないのか——幸福格差の分析

　この章では，階層グループによって，人びとの「幸福感」や「満足度」に偏りがないのかを分析する．分析の結果，教育が高い人ほど幸せで，職業や収入が高い人ほど生活に満足していた．したがって，幸福感と満足度には，教育，職業，収入による偏りがあったので，「幸福格差」と「満足格差」があったが，規定構造が異なっていた．以上から，階層的地位（教育，職業，収入）は幸福感と満足度を通して，人びとのライフスタイルを規定していた．

5 ── 用語解説

5.1 ── 階層的地位

教育年数　教育の程度を表す．小学校入学から最終学歴までの年数を用いる（この本では中退や通学中は繰りあげる）．この本では，中学卒業なら 9 年，高校 12 年，高専・短大 14 年，大学 16 年，大学院 18 年としている．

従業上の地位　本人がどのような形で働いているのかを表す．経営者・役員，常時雇用（いわゆる会社員や公務員），臨時雇用・パート・アルバイト，派遣社員・契約社員・嘱託，自営業主・自由業者・家族従業員・内職，無職などに分類される．このうち，この本では「経営者・役員，常時雇用」を正規雇用として，「臨時雇用・パート・アルバイト，派遣社員・契約社員・嘱託」を非正規雇用としてまとめることがある．

職業　本人がどのような仕事をしているのかを表す．専門職，管理職，事務職，販売職，サービス職，保安職，農林職，無職（学生・主婦・主夫を含む）などに分類される．このうち，この本では「専門職，管理職，事務職，販売職」などをホワイトカラー労働者としてまとめることがある．

産業　勤め先がどのような事業をしているのかを表す．農業，建設業，製造業，情報通信業，卸売業，小売業，金融業，不動産業，医療，公務などに分類される．

等価所得 世帯（一緒に住む家族）にいくらくらい年間収入があるかを表す．世帯人数で調整するために，世帯収入を世帯人数の平方根で割る．たとえば，世帯収入が500万円で，世帯人数が3人なら，$500 \div \sqrt{3} = 288.7$万円となる．この本では等価所得を使用することが多いが，必要であれば世帯収入を用いる．

5.2 ── 統計分析

母集団と標本 調べたい全体を母集団という．この本では，現代の日本社会にいる人全員となる．しかし，実際にデータ収集できるのは母集団の一部であり，それが標本である．この本では，標本サイズはおよそ300人から6000人ほどの範囲に入っている（Nで表される）．

変数 男女，年齢，教育年数など，個人やグループごとに異なりうるもの．

独立変数と従属変数 独立変数は分析における原因（ネジ）を，従属変数は結果（針）を意味する．

ダミー変数 値が0か1の変数．男性ダミーであれば，男性＝1，女性＝0となる．

分布 ある変数の値を，どれだけの人数が採ったかを表す．

有意 標本での差や関連が十分に大きいとき，母集団でも差や関連があることが保証され，「有意に多い」「有意に増える」などと表現される．

回帰分析 1つの従属変数にたいして，複数の独立変数の効果を同時に知りたいとき（これを統制するという），回帰分析を行なう．

係数 回帰分析における独立変数の効果の大きさを表す．係数が有意で正なら「有意な正の効果があった」といい，その独立変数が増えると従属変数が有意に増える（図 **0.7** 左）．有意で負なら「有意な負の効果があった」と表現され，

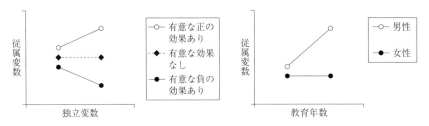

図 0.7 統計的推論における独立変数と従属変数の関連（左），交互作用の例（右）
注）交互作用では，男性ダミーと教育年数が有意な正の交互作用をもつ場合を表す（女性では教育年数が有意な効果をもたず，男性ではもつ）．

その独立変数が増えると従属変数が有意に減る．有意でなければ，その独立変数が増えても減っても，統計的には従属変数は同じとなる．標準化係数であれば（この本ではすべて標準化係数），係数同士を比較することで独立変数の効果の大小が分かる．

規定要因 ある独立変数が従属変数にたいして，（正または負で）有意な効果をもったとき，その独立変数が従属変数の規定要因となっていたという．複数の規定要因があるとき，全体のメカニズムを従属変数の規定構造という．

交互作用 2つの独立変数が相まって従属変数に効果をもつとき，交互作用があるという．たとえば，男性ダミーと教育年数が有意な正の交互作用をもつなら，女性グループにおける教育年数の効果より，男性グループにおける教育年数の効果のほうが，上昇の仕方が大きくなる（傾斜がきつくなる，図 0.7 右）．

理念型 極端な人間像をイメージしたもの．「ハンサムで背が高く資産家で性格がよい男性」は，現実には存在しないかもしれない．それでも，あえてそうした人がどのようなライフスタイルを実践しているかを想像することで，他の人びとがそこからどれくらい隔たっているのかを分析できる．

1章
美人，ハンサムは得なのか
―― 美容格差の分析

　第1章と第9章で，人びとのウェル・ビーイング（善き生）における格差を扱う．この章では，人びとの「美容」の程度によって，階層グループ（とくに職業と収入）に偏りがないのかを分析する．美容は，どのようなライフスタイルを送っているかを表すと同時に，ライフスタイルの豊かさを左右する．

1 ── リサーチ・クエスチョン

1.1 ── 対人魅力の重要さ

　人は見た目で得をすることが，あるのだろうか．我われはばくぜんと「美人やハンサムな人はうらやましいなあ」と思うことがある．実際はどうなのだろうか．

　労働力調査によれば，日本社会では戦後一貫して，ホワイトカラー労働者（専門・管理・事務・販売職）の比率が上昇してきた．すべての労働者のうち，1953年に28.4%だったのが，2010年に52.5%となった（図1.1）．その結果，ブルーカラー労働者中心だったのが，ホワイトカラー労働者が増えることで，仕事の種類が多様化してきた．

　こうしたホワイトカラー労働者の増加は，どのような変化をもたらすのだろうか．ブルーカラー労働は，農作物，建築物，工業製品のような「物」を対象とし，なにかを作りだすことが中心である．それにたいし，ホワイトカラー労働は，物を売ったり，他人に指示したりと「人」を対象とし，他人とコミュニケーションをとることが中心となる．

　したがって，ホワイトカラー労働者が増えた現代社会では，対人魅力が重要

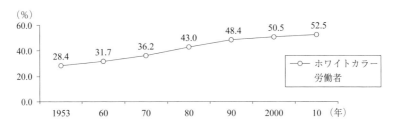

図 1.1 ホワイトカラー労働者の比率の推移
注）出典：労働力調査．全労働者のうち，専門・管理・事務・販売職の合計の比率．

となるはずである．とくに，容姿（美容，ルックス，身体的魅力，外見）がよい人（いわゆるハンサム・美人）ほど，コミュニケーションの際好意的に受け取られる可能性がある．そうだとすれば，そうした人ほどライフチャンス（人生における選択の可能性）が拡大し，その結果よい働き方をしているかもしれない．さらに，容姿が違うと，恋愛，結婚，出産といった家族形成のチャンスが異なったり，（満足度や幸福感などで）異なる心理をもつことで，ライフスタイルに影響を与える可能性もある．

1.2 ── 先行研究

では，容姿はどのように測定でき，社会的不平等にたいしどのような役割を果たすのだろうか．Hamermesh（2011）の整理によれば，これまで多くの研究で全身や服装より「顔」が重視され，5段階または10段階で，その人の容姿を他者が評価してきた（出発点は Campbell *et al.*（1971）の Quality of American Life 調査における5段階）．その結果，容姿の評価はおおむね評価者のあいだで一致し，容姿がよい人のほうがそうでない人より多かった．男女で平均は変わらないが，女性のほうが散らばりが大きい（Hatfield and Sprecher（1986））．年齢別では，若い人のほうがよいと評価された．

キャリア形成のうち所得について北米社会では，容姿がよい人ほど所得が多く，美しさへのプレミアムより平凡さへのペナルティのほうが大きい．効果は男性のほうが強い（Hamermesh and Biddle（1994））．これらは自信，性格，身長，体重とは別の効果をもった．

家族形成については，結婚のチャンスに違いはなかった（ただし容姿のよい

女性は，教育の高い男性と結婚していた）．心理については，容姿がよい人ほど満足や幸福を感じやすかった（Umberson and Hughes（1987））．

1.3 ── リサーチ・クエスチョン

このように，階層格差（とくにキャリア形成），家族形成，心理への容姿の効果の研究がそれぞれ蓄積されてきた．しかし，別々のデータで分析されたため，容姿の役割の全体像が未解明となっていた．

そこで，この章では1つのデータを使用して，つぎのリサーチ・クエスチョンを検討する．もしこの問題が未解決のままだと，ともすればライフチャンスの格差が見すごされて，社会的不平等の拡大と再生産が気付かないうちに進行してしまうかもしれない．

リサーチ・クエスチョン（美容による格差）． 人びとの容姿によって，教育，職業，収入における階層的地位（とくにキャリア形成），家族形成，心理に格差はあるのか．

1.4 ── 仮　説

この章では，合理的選択理論を用いて仮説を立てる．ベッカーは，人びとが（時間や労力といった）資源を（教育や健康といった）自分の人的資本に投資し，その投資を職業や収入などの地位達成として回収すると想定した（Becker（1964））．

谷本（2015）は，美容医療や美容整形で身体を美化することを，「外見資本」への投資と捉える（似た概念として，ハキムは erotic capital を提唱する．Hakim（2011））．外見資本は，人的資本の一種といえるだろう．そこで，この章では「美容資本」beauty capital とよび，つぎの仮定をおく（図 1.2）．

仮定（美容資本への投資と回収）． 人びとは時間や労力を美容に投資して，人的資本としての美容資本を蓄積し，キャリア形成，家族形成，心理などの向上として回収する．

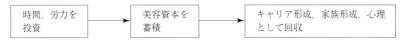

図 1.2 仮定（美容資本に投資し回収する）

では，容姿は，どのように決まるのだろうか．谷本（2015）によれば，男性と比べ女性ほど，若い人ほど，教育が中程度である（短大・専門学校卒でピーク）ほど，美容資本への投資が盛んだった．短大卒を大学卒・大学院卒といっしょにまとめるなら，教育が高いほど投資するだろう．ここから，容姿の規定要因について，つぎの仮説が立てられる．

仮説1（容姿の規定要因）．女性ほど，若い人ほど，教育が高い人ほど，美容資本に多く投資するため，容姿がよいだろう．

それでは，容姿は，その後のライフスタイルにどう影響するのだろうか．容姿がよい人ほど，ライフチャンスが拡がるなら，キャリア形成，家族形成，心理面でよいパフォーマンスをえるだろう（仮説2）．2つの仮説をまとめると，図 **1.3** となる．

仮説2（容姿の帰結）．容姿がよい人ほど，ライフチャンスが拡大するため，キャリア形成，家族形成，心理が促進されることで，美容資本への投資が回収されるだろう．

さらに，もし仮説1が正しいなら，女性ほど美容資本からの回収の効率がよいと予想できる（仮説3）．

仮説3（容姿の影響の男女差）．女性ほど美容資本からの回収効率がよいため，容姿の影響は，女性ほど大きいだろう．

図 1.3 仮説
注) 矢印は因果関係を表す.

2 ── 方 法

2.1 ── データ

データとして，2015 年暮らしについての西東京市民調査を用いる（調査の概要は表 1.1，詳細は小林・川端編 (2016)). 標本はランダム・サンプリングによって収集された 297 人であり，そのうち 276 人を分析対象とする.

2.2 ── 主観的評価による容姿の測定

容姿は，とくに「顔」に着目したうえで，以下のように主観的評価を 20 歳時と現在について，1 = 下 ～ 10 = 上の 10 段階（10 ランク）で質問した. いわば人びとの心の中に，容姿についての引き出しが上から下まで 10 段並んでいると想定している（「心の引き出し」という概念は小林 (2012a) より).

質問（主観的容姿）. かりに現在の日本社会が，ルックス（顔）で上から下まで次のようなグループに分かれるとすれば，人びとは以下の方をどれに入れると思いますか（○はそれぞれ 1 つ）

	下									上
20 歳時のあなた	1	2	3	4	5	6	7	8	9	10
現在のあなた	1	2	3	4	5	6	7	8	9	10

先行研究では容姿は，他者による客観的評価で測定されることが多かった. この調査では，より多くの変数を同時にデータ収集するために，このような自己評価とした（自己評価が他者からの評価とおおむね一致することは，小林 (2017c)). 分析では，キャリア形成などの独立変数として扱うため，それに時

表 1.1　調査の概要

調査名	2015 年暮らしについての西東京市民調査
実施者	小林盾
調査期間	2015 年 6-9 月
調査方法	郵送調査
母集団	2015 年 12 月 31 日時点で満 22-69 歳の東京都西東京市在住の個人（1946 年 1 月 1 日～ 1993 年 12 月 31 日生まれ）
計画標本	500 人
抽出方法	層化 2 段無作為抽出法
有効回収数	297 人（有効回収率 60.9%）
分析対象	分析する全変数に回答した 276 人．構成は男性 48.2%，平均年齢 47.8 歳，未婚 23.2%／既婚 69.9%／離死別 6.9%，平均教育年数 14.4 年，正社員・正規公務員 41.8%／派遣・契約・嘱託 8.7%／パート・アルバイト・臨時雇用 18.5%／自営・自由・家族従業員・内職 12.0%／無職 18.9%，専門職 23.2%／管理職 8.0%／事務職 17.8%／サービス・販売職 20.3%／現場職 9.4%／無職 18.9%／無回答 2.5%，従業先規模 300 人以上 26.1%，役職あり 21.4%，平均等価所得 457.3 万円

間的に先行する 20 歳時容姿を使用する．他にこの質問で「中学卒業後，最初の恋人」「現在の配偶者」の容姿についても質問したが，この章では扱わない．

　事前にパイロット調査で主観的容姿評価を，5 段階，10 段階，11 段階で質問し，他者からの評価の平均と比較した．その結果，10 段階がもっとも自己評価と他者評価の相関が高かった．なお，ひとつの例として 20 歳の大学生に自分の容姿を評価してもらったところ，**図 1.4** となった（本人の許可を得て写真と評価を掲載）．

2.3 ── 従属変数

(1) キャリア形成

　仮説 2 の従属変数のうち，キャリア形成の指標として，有職ダミー（現在有職＝ 1，そうでない＝ 0），正規雇用ダミー（正社員，正規公務員＝ 1，それ以外＝ 0），ホワイトカラーダミー（専門・管理・事務・販売職＝ 1，それ以外＝ 0），規模 300 人以上ダミー（従業先規模が支社含め 300 人以上＝ 1，そうでない＝ 0），役職ダミー（課長相当以上＝ 1，それ以外＝ 0），等価所得を用いる．

図 1.4 主観的容姿評価の例（左の自己評価は 5，右 8）

(2) 家族形成

家族形成の指標として，「告白した人数」「告白された人数」「交際人数」「結婚人数」「子ども数」を，以下のように質問した．すでに過去の調査から（小林（2014a）），これらが 8 人以上となるのは 10％以下であることから，最大 8 人とした．交際人数は平均 2.7 人であり，内閣府（2011）の 2.9 人，小林（2014a）の 3.3 人とおおきく異なることはなかった．

質問（家族形成）．あなたには，以下の人が何人いますか（○はそれぞれ 1 つ）

子供が〜人いる（別居含む）	0	1	2	3	4	5	6	7	8 以上
これまで〜人と結婚した	0	1	2	3	4	5	6	7	8 以上
中学卒業から最初の結婚まで，〜人に告白した（配偶者含む）	0	1	2	3	4	5	6	7	8 以上
中学卒業から最初の結婚まで，〜人から告白された（配偶者含む）	0	1	2	3	4	5	6	7	8 以上
中学卒業から最初の結婚まで，〜人と恋人として交際した（配偶者含む）	0	1	2	3	4	5	6	7	8 以上

(3) 心　理

代表的な心理として，「階層帰属意識」を 1＝下〜10＝上の 10 段階で，「生活満足度」（以下では満足度とよぶ）を 1＝不満〜10＝満足の 10 段階で，「主観的幸福感」（以下では幸福感とよぶ）を 1＝不幸〜10＝幸福の 10 段階で，「自信」を自分に自信があるかに 1＝当てはまらない〜10＝当てはまるの 10 段階で，それぞれ質問した．

2.4 ── 独立変数

独立変数として，男性ダミー（男性＝1，女性＝0），年齢，教育年数を用いる．

3 ── 分析結果

3.1 ── 分　布

20歳時容姿と現在容姿は，どのような分布をもつのだろうか．調査結果は**図1.5**となった．ランク5-7を中心におおむね一山または二山だった．下半分（ランク1-5の合計）は，20歳時で48.6％，現在で71.0％いた．

容姿と家族形成の主な記述統計は，**表1.2**にある．20歳時と現在を比較すると，全体でも男女別でも，平均して0.7-0.9現在のほうが低かった．男女を比較すると，女性のほうが20歳時で0.3，現在で0.1高かった．

これらの分布に，違いはあるのだろうか．20歳時と現在では，全体でも男女別でも，カイ二乗検定の結果分布が有意に異なっていた．ただし，男女それぞれの中では，20歳時容姿と現在容姿に，カイ二乗検定で有意な差はなかった．

なお，20歳時容姿と現在容姿でクロス表をつくると，20歳時から現在にかけて容姿が上昇した人，同じだった人，下降した人は，全体のうちそれぞれ10.1％，42.8％，47.1％と，下降したと感じる人が多かった．男性のうちでは，それぞれ9.0％，52.6％，38.3％，女性のうちでは11.2％，33.6％，55.2％だった．20歳時のボディマス指数（BMI，肥満度を表す，体重÷身長の二乗で計算）と関連を調べたら，相関係数－0.262で有意な負の関連があった．

3.2 ── 容姿の規定要因（仮説1の検証）

では，容姿の規定要因はなにだろうか．仮説1を検証するために，20歳時容姿を従属変数とした回帰分析を行なった（グループ別平均は**図1.6**，分析結果は**表1.3**）．

その結果，全体では年齢のみが有意な正の効果をもった（係数0.183）．男女別では，男性で年齢（正）と教育（負）が，女性で年齢のみ（正）が有意な効

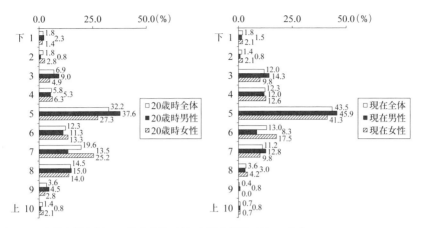

図 1.5 全体と男女別，20 歳時容姿（左）と現在容姿（右）の分布
注）N = 276（うち男性 133 人，女性 143 人）．

表 1.2 主な変数の記述統計

	値	最小	最大	平均	標準偏差
容姿					
20 歳時容姿	1 下 〜 10 上	1	10	5.8	1.8
現在容姿	1 下 〜 10 上	1	10	5.0	1.5
家族形成					
告白した人数	0-8	0	8	1.6	1.7
告白された人数	0-8	0	8	3.1	2.5
交際人数	0-8	0	8	2.7	1.9
結婚人数	0-8	0	2	0.8	0.5
子ども数	0-8	0	6	1.2	1.1

注）N = 276．

果をもった（係数 2.084，−2.016，0.203）．

以上から，仮説1は支持されなかった．男女で差がなく，年齢ではむしろ年輩者で容姿が上昇した．主観的評価のため，懐古期間が長くなるほど「昔はよかった」と美化したのかもしれない．教育は，男性のみに効果をもった．男性では，十分な教育達成ができなかった人が，挽回するために美容資本に，いわば「不均等に」投資するのかもしれない．一方女性は，教育にかかわらず，い

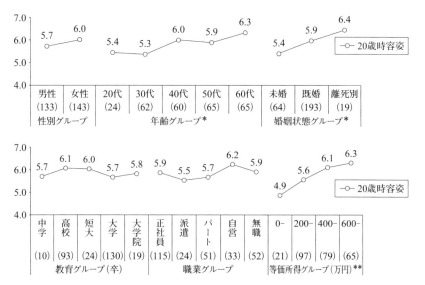

図 1.6 グループ別の 20 歳時容姿の平均

注) $N = 276$(一部グループで欠損あり).( ) 内は人数.正社員は公務員を,派遣は契約・嘱託社員を,パートはアルバイト・臨時雇用を,自営は自由業主・家族従業員・内職を,無職はその他を含む.分散分析で $^{†}p<0.10$, $^{*}0.05$, $^{**}0.01$, $^{***}0.001$.

表 1.3 20 歳時容姿を従属変数とした回帰分析結果

		全体	男性	女性
属性	男性ダミー	−0.072		
	年齢	0.183 **	2.084 *	0.203 *
階層的地位	教育年数	−0.032	−2.016 *	0.112
決定係数		0.042	0.070	0.043
N		276	133	143

注)値は標準化係数.教育年数は中学卒= 9,高校卒= 12,短大卒= 14,大学卒= 16,大学院卒= 18. $^{†}p<0.10$, $^{*}0.05$, $^{**}0.01$, $^{***}0.001$.

表 1.4　20 歳時容姿を独立変数とした単回帰分析，ロジスティック回帰分析結果

従属変数	分析	全体	男性	女性
キャリア形成				
有職ダミー	ロジスティック回帰	0.977	1.047	0.977
正規雇用ダミー	ロジスティック回帰	1.009	1.109	0.958
ホワイトカラーダミー	ロジスティック回帰	1.031	0.976	1.091
規模 300 人以上ダミー	ロジスティック回帰	0.967	1.052	0.892
役職ダミー	ロジスティック回帰	1.293 **	1.401 **	1.652 *
等価所得（100 万円）	単回帰	0.258 **	0.348 **	0.177
家族形成				
告白した人数	単回帰	0.076	0.131	0.058
告白された人数	単回帰	0.476 ***	0.369 ***	0.526 ***
交際人数	単回帰	0.282 ***	0.324 ***	0.245 **
結婚人数	単回帰	0.055 **	0.061 *	0.044 *
子ども数	単回帰	0.123 **	0.136 **	0.102 †
心理				
階層帰属意識	単回帰	0.269 ***	0.341 ***	0.194 **
満足度	単回帰	0.045	0.095	− 0.028
幸福感	単回帰	0.112 †	0.208 *	− 0.002
自信	単回帰	0.454 ***	0.531 ***	0.398 ***

注）全体 N = 276，男性 133，女性 143．値は連続変数の場合非標準化係数，ダミー変数の場合オッズ比（たとえば役職ダミーが全体でオッズ比 1.293 なので，20 歳時容姿が 1 ランク上がると役職に 1.293 倍つきやすくなる）． † p <0.10，* 0.05，** 0.01，*** 0.001．

わばだれでも「均等に」美容資本に投資するようである．そのため，美容資本への投資は，男性において違いがあるといえる．

3.3 ── 容姿の帰結（仮説 2 の検証）

　それでは，容姿はどのような帰結をうむのだろうか．仮説 2 を検証するために，キャリア形成，家族形成，心理への影響を調べた．従属変数が連続変数の場合は線型回帰分析を，ダミーの場合はロジスティック回帰分析を行なった．
　ここでは直接の効果をみるため，他の変数で統制していない（あとで年齢，教育年数で統制する）．結果が表 1.4 である．また，20 歳時容姿グループ別に，代表的な変数の平均・比率を図 1.7 で比較した（20 歳時容姿 1-3 を 3 以下，8-10 を 8 以上へとまとめた）．

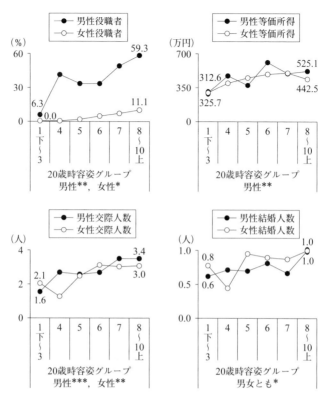

図 1.7 20 歳時容姿グループ別，男女別の役職者の比率，等価所得の平均，交際人数の平均，結婚人数の平均

注）$N = 276$（うち男性 133，女性 143）．回帰分析またはロジスティック回帰分析で †$p<0.10$, *<0.05, **0.01, ***0.001.

(1) キャリア形成への影響

　20 歳時容姿がよいからといって，現在有職だったり，正規雇用者だったり，ホワイトカラー労働者だったり，従業先規模が大きくなるわけではなかった（全体でも男女別でも）．ただし，役職につく可能性が有意に高まった（全体でも男女別でも）．表 1.4 のオッズ比より，20 歳時容姿が 10 ランクのうち 1 ランク上がると，男性は 1.4 倍，女性は 1.7 倍課長以上になりやすかった．図 1.7 より，生の値では，男性で 20 歳時容姿 1-3 のうち役職者が 6.3% なのにたいし，8-10 では 59.3% だった．女性では，0.0% が 11.1% となった．

もう一点，等価所得が全体と男性で有意に上昇した．男性は容姿1-3だと平均312.6万円なのが，8-10だと525.1万円へと増えた．

(2) 家族形成への影響

　告白した人数は，20歳時容姿によって差がなかった．それ以外では，20歳時容姿がよい人ほど，全体でも男女別でも，告白された人数，交際人数，結婚人数，子ども数のどれもが有意に増えた．たとえば，1ランク上がると，男性で0.3人，女性で0.2人多く交際した．**図1.7**より，男性で20歳時容姿1-3が1.6人と交際したのにたいし，8-10では3.4人だった．女性では，2.1人から3.0人へと増えた．

(3) 心理への影響

　満足度は，20歳時容姿によって差がなかった．それ以外では，20歳時容姿がよい人ほど，全体でも男女別でも，階層帰属意識と自信が有意に高まった．幸福感は，全体と男性で高まった．階層帰属意識が男性で20歳時容姿1-3の人は10段階で平均4.6なのにたいし，8-10では6.4となった．女性では，4.8から6.1へと増えた．

　20歳時容姿による影響を，年齢と教育年数で統制して重回帰分析で調べたところ，おおむね同じ結果となった（結婚人数，子ども数にたいしてのみ，男女ともに効果がなくなった）．以上から，仮説2は部分的に支持された．20歳時の容姿がよいと，仕事，家族，心理面でライフチャンスが拡がるようである．

3.4 ── 容姿の影響の男女差（仮説3の検証）

　ただし，容姿の影響は男性ほど強かった．女性はだれでも多かれ少なかれ美容資本に投資せざるをえないのにたいし，（仮説1で示唆されたとおり）男性では投資する人が偏っているためかもしれない．そうだとしたら，女性より男性のほうが，美容資本に投資し回収する人が偏っていて，その結果美容資本が社会的不平等につながりやすい可能性がある．

　たとえば，この章と同じデータの中で，美容資本に現在どのように投資しているかを，6項目で質問した．すると，女性ほど，有意に「ファッション雑誌

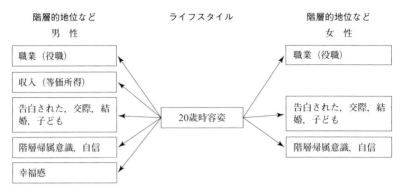

図 1.8 分析結果の要約
注）矢印は**表 1.4** における有意な正の効果（促進効果）を表す．

をよむ」「ヘア・スタイルに気を使う」「メイクを工夫する」「スキン・ケアをする」を行なっていた（2-4 倍多かった）．ただし，「清潔感を維持する」「ダイエットをする」ことに男女差はなかった．以上の分析結果をまとめると，図 **1.8** となる．

4 ── 考　察

4.1 ── 分析結果の要約

（1）分布から，容姿（ルックス）は男女ともにランク 1 ＝下〜 10 ＝上のうち 5 と 7-8 の二山をもった．男女で分布に違いはなかった．

（2）容姿を従属変数とした回帰分析から，容姿には性別による違いがなかった．

（3）容姿を独立変数とした回帰分析から，容姿がよい人ほど，役職につきやすく，所得が増えた（所得は男性のみ）．多くの人から告白され，交際人数や結婚のチャンスや子どもの数が増えた．さらに，高い階層にいると感じ，自信があり，幸福だった（幸福は男性のみ）．このように，容姿はライフチャンスを提供したり制限したりする．

（4）男女の比較から，男性ほど容姿の影響が強かった．これは，男性のほうが美容資本への投資が不均等なため，容姿が社会的不平等につながりやすいた

めかもしれない．

　以上から，リサーチ・クエスチョンにたいしてつぎの回答を与えることができよう．容姿が階層的地位やその他の不平等に総体としてどう影響するかという点が，これまでじゅうぶんに解明されてこなかった．この結果は，同一のデータで容姿のさまざまな効果を分析することで，はじめてえられた．

リサーチ・クエスチョンへの回答． 人びとの容姿は，階層的地位（キャリア形成），家族形成，心理を促進させることで，ライフチャンスを拡大させた．この影響は，おおむね男性のほうが大きかった（つまり，ハンサムは得をすることがあるが，美人はそれほどでもなかった）．したがって，人びとの階層的地位（キャリア形成），家族形成，心理には，容姿による偏りがあったので，「美容による格差」があった．以上から，容姿は階層的地位（とくにキャリア形成）を通して，人びとのライフスタイルを規定していた．

4.2 ── 理念型

　分析結果から理念型を考えると，男性では，容姿がよい人はそうでない人と比較して，役職についたり所得が多くなったりしやすいだろう．これまで告白されたり交際する機会に恵まれ，結婚したり子どもがいたりする可能性が高い．自分の所属階層は高いと感じ，幸福で，自信をもっているだろう．

　女性でも，ほぼ同様の傾向があるだろう．ただし，所得にとくに差はなく，幸福なわけではない（不幸でもない）．

4.3 ── 先行研究との比較

　(1) 容姿の分布：Hamermesh and Biddle（1994）はアメリカ人とカナダ人を対象に容姿を5段階で測定し，（中点をのぞいた）上半分のほうが，下半分より一貫して多かった．この章では日本人を対象に10段階で測定し，20歳時容姿で上半分と下半分がほぼ同じ，現在容姿で下半分が多かった．

　(2) 容姿の規定要因：先行研究ではおおむね男女で平均に差がなく，この章でも同様だった．年輩の人ほど20歳時容姿がよかったが，これまである時点

の容姿がコーホート別に比較されることはなかった．美容整形の実証研究には谷本（2008b）がある．

（3）容姿の帰結：先行研究では所得への影響が分析されてきた．この章では，正規雇用や役職となるチャンス，家族形成，心理への効果について，はじめて分析した．恋愛や結婚のために容姿が重要であることは，これまで指摘されてきた（山田・白河（2008），森川（2007））が，はじめて実証的に解明された．恋愛の社会学的研究には，谷本（2008a）がある．容姿が生活満足度に効果をもたず，主観的幸福感に（男性で）効果があったのは，小林・ホメリヒ・見田（2015）の「幸福と満足で規定要因が異なる」という主張と一致する．キャリア形成の規定要因については竹ノ下（2013）が，幸福の規定要因については大竹ほか編（2010）が，日本社会における心理（社会意識）の変遷については吉川（2014）が詳しい．

（4）男女による効果の差：いっぱんに女性ほど容姿へのプレッシャーが強いと考えられている（Wolf（1991））が，先行研究と同様に，男性ほど容姿の効果が大きかった．家族形成における男女差については，佐藤ほか編（2010）が詳しい．

4.4 ── 容姿における男性リーグと女性リーグ

たしかに容姿の程度は，教育や職業に比べると，本人の努力が反映されにくいかもしれない．しかし，もし現実に容姿が格差を生みだしているのなら，求められているのはまず実態を把握し，そのうえでどのような支援が可能なのかを明らかにすることだろう．

では，なぜ男性のほうが容姿の影響が大きいのだろうか．女性は容姿をめぐる競争がはげしいため，均等に美容資本に投資する．そのため，結果的に回収での差が少なくなり，（男性と比較すると）平等となっているようである．これにたいし，男性はかならずしも容姿を求められないため，美容資本への投資が不均等で，結果的に容姿による不平等が生まれるのかもしれない．

いわば，プロサッカーリーグが男性のＪリーグと女性のなでしこリーグに分かれているように，容姿でも男性リーグと女性リーグに分割されている可能性がある．そうだとすれば，我われは男女に分かれてそれぞれのリーグ内で，容

姿という人的資本（美容資本）を活用しているのかもしれない．そのとき，女性のほうが競争的でハイレベルなため，帰結への影響がむしろ少ないようである．

なお，容姿が家族形成に役立つことが分かった．このことから，容姿という人的資本が恋人や配偶者といった人間関係との社会関係資本（ソーシャル・キャピタル）へと，転換されたと解釈することもできるだろう（社会関係資本についてはLin（2001），三隅（2013）が詳しい）．

4.5 ── 今後の課題

（1）この章では，容姿を主観的評価で測定した．これが他者からの評価と一致しているかを，実験などで確認する必要があるだろう．なお，20歳時容姿の影響を，現在の自信で統制しても，ほとんど結果に変化がなかった．したがって，主観的容姿評価は，自信をどれくらいもっているかとは独立に，キャリア形成や家族形成を促進する．

（2）この章では男女の違いを分析した．もしかしたら，年齢や教育や職業グループによっても，メカニズムが異なるかもしれない．さらに，それらが性別と組み合わさって交互作用をもつこともあるだろう．

2章
食べ物に貴賤はあるのか
──食生活格差の分析

　第2章〜第4章で，人びとの文化活動における格差を扱う．この章では，階層グループによって，人びとが普段食べる「料理の格」に偏りがないのかを分析する．豊かな食生活は，豊かなライフスタイルを送るために不可欠だろう．

1 ── リサーチ・クエスチョン

1.1 ── 職業威信スコアの散らばり

　食べ物に貴賤はあるのだろうか．しばしば「職業に貴賤はない」といわれるが，職業への評価はこれまで，社会階層研究において「職業威信スコア」として測定されてきた．威信スコア（prestige score）とは，人びとがあるものをどれくらい高い，低いと評価しているかを表したものである．

　職業威信スコアの場合，ある職業がどのような威信をもっているのかを，0-100点の1つの値で表す．たとえば，1995年SSM調査（社会階層と社会移動全国調査）では，代表的な56個の職業についてつぎのように質問した（都築編（1998））．

質問（職業威信）． ここにいろいろの職業名をかいた用紙があります．世間では一般に，これらの職業を高いとか低いとかいうふうに区別することもあるようですが，いまかりにこれらの職業を高いものから低いものへの順に5段階に分けるとしたら，これらの職業はどのように分類されるでしょうか．

最も高い
やや高い
ふつう
やや低い
最も低い

　もっとも高いを100点，やや高い75点，ふつう50点，やや低い25点，もっとも低い0点として，回答者の平均値を求めると，それがその職業の職業威信スコアとなる．その結果，もっとも威信が高かったのは医師90.1点，つづいて大会社の社長87.3，他に公認会計士70.8，寺の住職60.3，レストランのコック51.6，自動車セールスマン47.2となり，もっとも低かったのは炭鉱夫36.7であった（図**2.1**，都築（1998）より）．職業威信スコアのこうしたばらつきは，近代社会になって職業が多様化してきたことを，反映していよう．

　さらに，個人の職業を200ほどに分類したうえで，このスコアをもとに個人の職業威信スコアを求めることができる．その結果，どういう人が威信の高い仕事につくのか，それが親から子へどのように継承されるのか，などが明らかにされてきた（Blau and Duncan（1967），富永（1979），原・盛山（1999），石田ほか編（2011）など）．

　なお，このスコアは年齢，性別，教育，職業といった下位グループに分けても，おおむね一致して共有されている（元治・都築（1998））．他の方法で指標を作成しても，違いはない（太郎丸（1998））．また，異なる社会や時点と比較しても，ほぼ一致することが知られている（原（1999））．

1.2 ── 文化威信スコア

　威信スコアは，人びとの文化活動にも応用され測定されており，「文化威信スコア」とよばれる．ブルデューの文化資本論のアイデア（Bourdieu（1979））に基づいており，観劇やカラオケなどの文化活動について，職業威信スコアと同じ手続きでスコアをあたえる．たとえば，1995年SSM調査では12の文化活動について，つぎの質問をした（片岡編（1998））．

質問（文化威信）．ここにいろいろな文化活動がかいてあります．世間では一

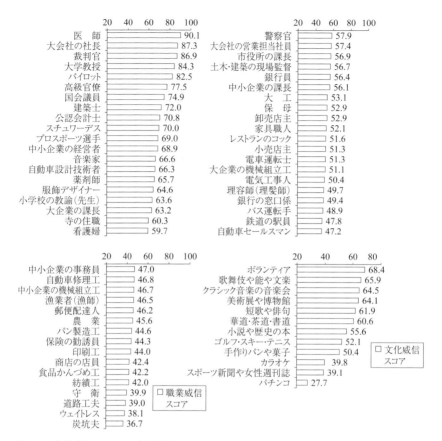

図 2.1 職業威信スコア,文化威信スコア
注)出典:職業威信スコアは都築編(1998),文化威信スコアは片岡(1998b).

般に,これらの活動を高いとか低いとかいうふうに評価することもあるようですが,いまかりにこれらを高いとか,低いとか,区別をつけて順に分けるとしたら,どのように分類されるでしょうか.

```
最も高い
やや高い
ふつう
やや低い
最も低い
```

2 章 食べ物に貴賤はあるのか —— 41

集計の結果，高い順にボランティアなどの社会的活動に参加する 68.4 点，つづいて歌舞伎や能や文楽を見に行く 65.9，クラシック音楽の音楽会・コンサートへ行く 64.5，美術展や博物館に行く 64.1，短歌や俳句を作る 61.9，華道・茶道・書道をする 60.6，小説や歴史の本を読む 55.6，ゴルフ・スキー・テニスをする 52.1，手作りでパンや菓子を作る 50.4，カラオケをする 39.8，スポーツ新聞や女性週刊誌を読む 39.1，そしてパチンコをする 27.7 がもっとも低かった（図 2.1，片岡（1998b）より．他に宮島・藤田編（1991）の文化威信スコアもある）．職業威信スコア同様，文化威信スコアの順序もさまざまな下位グループ間でおおむね一致している（片岡（1998b））．

　このスコアを因子分析することで，文化活動がボランティアから茶道・華道・書道までの「ハイカルチャー」，小説・歴史本から手作りパン・菓子までの「中間文化」，カラオケからパチンコまでの「大衆文化」に分けられる．その結果，これまで女性ほどハイカルチャーを実行したり，階層が高い人ほどオムニボア（雑食）的であることが明らかにされてきた（片岡（2000），中井（2011））．

1.3 ── リサーチ・クエスチョンと仮説

　ただし，食生活がどのような威信スコアをもつのかについては，分かっていない．現代社会のように食生活が多様化すると，威信の高い食べ物，低い食べ物という評価が人びとの間に生まれている可能性がある．その結果，ともすれば階層格差が食生活を通して再生産されているかもしれない（小林（2010b））．この章では，食べ物へのそうした評価を「食料威信」とよんで測定する．そこで，以下をこの章のリサーチ・クエスチョンとする．

リサーチ・クエスチョン（料理の格，食生活格差）．料理ごとに，格の高さや低さがあるのか．あるとしたら，教育，職業，収入における階層的地位によって，個人ごとの食生活に格差があるのか，それとも平等なのか．

　ここでは，職業威信スコアや文化威信スコアの先行研究を参考にし，以下の仮説を検証する（図 2.2）．

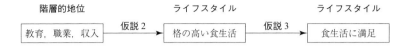

図 2.2 仮説
注）矢印は因果関係を表す．

仮説 1（料理ごとの食料威信スコア）．食生活が多様化したため，料理には格の高低があり，下位グループの間でも評価が一致するだろう．

仮説 2（階層と食生活）．教育，職業，収入における階層的地位の高い人ほど，食生活への意識が高いため，格の高い食生活を送るだろう．

仮説 3（食生活と満足）．そうした人ほど，食生活に満足しているだろう．

2 ── 方　法

2.1 ── データ

　データとして，2011 年暮らしについての西東京市民調査を用いる（調査の概要は表 2.1，詳しくは小林・渡邉編（2012））．標本はランダム・サンプリングによって収集された 294 人であり，そのうち 287 人を分析対象とする．

2.2 ── 食料威信スコアの測定

　食生活の多様性を把握するため，8 個の代表的な料理についてつぎの質問をして，食料威信スコアを測定する．他に飲み物としてシャンパン・ワイン，梅酒，緑茶，コーヒー，紅茶，コーラ，牛乳，野菜ジュースの 8 個について質問したが，ここでは省略する．

質問（食料威信）．ここにいろいろな食べ物，飲み物が書いてあります．世間では一般に，これらを「格が高い」とか「低い」とか言うことがありますが，いまかりにこれらを分けるとしたら，あなたはどのように分類しますか

表 2.1　調査の概要

調査名	2011 年暮らしについての西東京市民調査
実施者	小林盾
調査期間	2011 年 7-8 月
調査方法	郵送調査
母集団	2011 年 12 月 31 日時点で満 22-69 歳の東京都西東京市在住の個人（1942 年 1 月 1 日～ 1989 年 12 月 31 日生まれ）
計画標本	500 人
抽出方法	層化 2 段無作為抽出法
有効回収数	294 人（有効回収率 59.5%）
分析対象	8 個の料理すべてに回答した 287 人．構成は男性 49.3%，平均年齢 42.3 歳，未婚・離死別 31.4% ／既婚 68.6%．平均教育年数 13.9 年，正社員 33.2% ／公務員 2.1% ／派遣・契約・嘱託 6.3% ／パート・アルバイト・臨時雇用 19.2% ／自営・自由・家族従業員・内職 11.2% ／その他 1.0% ／無職 26.9%，専門職 13.4% ／管理職 12.4% ／事務職 19.1% ／販売職 9.2% ／熟練・半熟練・非熟練職 12.7% ／農業 0.4% ／無職 32.9%．平均等価所得 410.1 万円

	格が高い	やや格が高い	ふつう	やや格が低い	格が低い
ア）寿　司	5	4	3	2	1
イ）カップ麺	5	4	3	2	1
ウ）みそ汁	5	4	3	2	1
エ）うなぎ	5	4	3	2	1
オ）焼き魚	5	4	3	2	1
カ）天ぷら	5	4	3	2	1
キ）コロッケ・フライ	5	4	3	2	1
ク）ポテトチップ	5	4	3	2	1

　この 8 個は，できるだけ我われの食生活を代表し，しかも威信の高いものから低いものを幅広く含むように選んだ．そのため，日本人の好きなもの調査における「好きな料理」を参考にプレテストを行なった（NHK 放送文化研究所世論調査部編 2008）．そのうち，月 1 回以上食べている人の割合が 10-90% となるものとした．

3 —— 分析結果

3.1 —— 分　布

　各料理への個人の評価を格が高い 100 点，やや高い 75 点，ふつう 50 点，やや低い 25 点，低い 0 点として求めてから，料理ごとに平均した（度数分布表は**表 2.2**，記述統計は**表 2.3**）．その結果，うなぎの評価がもっとも高く 76.7 点，つづいて寿司 71.5，天ぷら 61.3，焼き魚 50.1，みそ汁 48.6，コロッケ・フライ 43.1，ポテトチップ 24.5，もっとも低いのはカップ麺 21.6 であった（**図 2.3**）．平均の差が統計的に有意かを検定した結果，焼き魚とみそ汁の差は 10% 水準で，ポテトチップとカップ麺の差は 5% 水準で，他はすべて 1% 水準で有意であった．度数分布表によれば，うなぎと天ぷらでは，格が低いと評価した人はいなかった．一方，コロッケ・フライでは格が高いと考える人がいなかった．

　調査では 8 個の料理について，月 1 回以上食べるかどうかも質問した（限定されすぎないよう，実際の質問では焼き魚のかわりに焼き魚・煮魚，ポテトチップのかわりにスナック菓子・駄菓子，カップ麺のかわりにカップ麺・インスタント麺について質問した）．食べる人の割合を行動者率とよぶ．その結果，うなぎの行動者率は 11.6%，寿司 56.1%，天ぷら 38.8%，焼き魚 88.4%，みそ汁 90.8%，コロッケ・フライ 70.7%，ポテトチップ 61.6%，カップ麺 44.9% であった（**図 2.3**）．

　1 人の人が 8 個のうちいくつ食べたかを求めたら，0 個だった人は全体の 1.4%，1 個 1.4%，2 個 7.5%，3 個 15.0%，4 個 20.7%，5 個 23.8%，6 個 16.3%，7 個 9.9%，8 個 4.1% だった．平均すると 4.6 個，標準偏差 1.7 となった．

　以上から，人びとは料理の間に格が高い，低いという違いを感じていた．食料威信スコアを職業威信スコア，文化威信スコアと比較すると，平均が低く，範囲と標準偏差が大きいことが分かる（**表 2.3**）．つまり，食生活は職業や文化活動を評価するときと比べて，全体に低く位置づけられているが，料理ごとの評価は散らばっているといえる．

　なお，飲み物の威信スコアも同時に測定した（表は省略）．その結果，高いものからシャンパン・ワイン 72.0 点，紅茶 53.2，野菜ジュース 52.9，コーヒ

表 2.2 食料威信スコアの記述統計

	人　数					平均（威信スコア）	標準偏差
	格が低い（0点）	やや格が低い（25）	ふつう（50）	やや格が高い（75）	格が高い（100）		
うなぎ	0	3	48	163	73	76.7	17.0
寿　司	2	2	88	137	58	71.5	19.1
天ぷら	0	4	160	112	11	61.3	14.9
焼き魚	2	15	251	18	1	50.1	9.9
みそ汁	9	19	241	15	3	48.6	13.3
コロッケ・フライ	5	71	209	2	0	43.1	12.5
ポテトチップ	88	123	71	4	1	24.5	20.0
カップ麺	119	94	69	4	1	21.6	21.3

注）$N = 287$.

表 2.3 威信スコアの比較

	評価対象	最大値	最小値	範囲	平均	標準偏差
職業威信スコア	56の職業	90.1	36.7	53.4	56.9	13.6
文化威信スコア	12の文化活動	68.4	27.7	40.7	54.2	12.8
食料威信スコア	8の料理	76.7	21.6	55.1	49.7	20.0

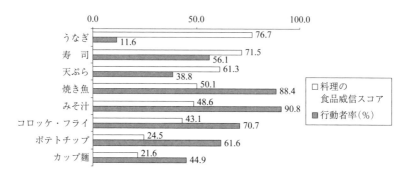

図 2.3　料理ごとの食料威信スコア，月1回以上の行動者率の分布
注）$N = 287$.

— 51.8, 緑茶 51.4, 梅酒 50.7, 牛乳 49.2, コーラ 34.8 となった. 食べ物より散らばりが少なかった.

3.2 —— 下位グループ間での比較（仮説 1 の検証）

それでは，食料威信スコアはどのような構造をもつのだろうか．まず，性別や年齢などの下位グループの間で，評価が共有されているかを確認する．

年齢グループ，性別グループ，婚姻状態グループ，教育グループ，職業グループ，等価所得グループごとに，各料理への評価の平均を求めた．その結果，グループによって平均に変動はあるが，8 個の料理の順序はおおむね一致した．全体の順序と異なったのは，20 代がコロッケ・フライ 44.9 をみそ汁 42.6 より高く評価したことと，短大・高専卒がカップ麺 26.6 をポテトチップ 25.0 より高く評価したことだけだった．それ以外のグループでは，評価の順序が全体の順序と完全に一致した．スピアマンの順位相関係数を求めたところ，この 2 つの場合についても，他のグループの順序と異ならなかった．

また，月 1 回以上食べるかどうかを質問したので，行動者と非行動者の間で評価に違いがあるかも調べた．その結果，行動者と非行動者で平均に上下はあるものの，順序は完全に一致した．以上から，食料威信スコアは下位グループの間で共有されていることが分かった．

3.3 —— 高級食，中間食，大衆食

つぎに，文化活動が文化威信スコアによってハイカルチャー，中間文化，大衆文化に分かれたように，料理も威信スコアによって分類されるのかを調べた．因子分析を行なった結果，3 つの因子が抽出された（表は省略）．第 1 因子はうなぎ，寿司，天ぷらからなるので，「高級食」とよべるだろう．第 2 因子はポテトチップ，カップ麺，コロッケ・フライからなるため，「大衆食」といえる．第 3 因子はみそ汁と焼き魚であり，「中間食」といえよう．バリマックス回転を用いたが，プロマックス回転でも同じ結果となった．

したがって，人びとは料理をもっとも高級な「高級食」，中間的な「中間食」，大衆的な「大衆食」へと分けて認識しているようだ．威信スコアをみると，高級食は 60 点以上，中間食は 50 前後，大衆食は 45 以下となっている．行動者

図 2.4 個人の食料威信スコア（左），食生活満足の分布（右）
注）$N = 290$（左），293（右）．

率をみると，高級食を食べる人は比較的すくなく 1-6 割であるのにたいして，中間食は 9 割前後の人が食べている．大衆食は 4-7 割でやや多かった．

3.4 —— 個人ごとの食料威信スコア（仮説 2 の検証）

職業威信スコアはもともと「医師」など職業に値が割りあてられる．さらに，個人の職業が分かれば個人のスコアとみなすこともできるので，職業的地位達成の指標として利用されてきた．同様に，食料威信スコアを個人に割りあてることができれば，個人の食生活の理解に役立つだろう．

ただし，職業の場合は「主な仕事」として 1 つに絞ることができるが，料理の場合難しい．そこでここでは，「月 1 回以上食べるすべての料理」について食料威信スコアを求めて，その平均を用いることとする（この定義は小林（2011b）より）．たとえば，ある人が 8 個の料理のうち寿司とカップ麺だけを食べるとする．威信スコアは寿司 71.5 とカップ麺 21.6 なので，平均 46.6 がその人の食料威信スコアとなる．こうすることで，個人の食生活の多様さを，量的に把握することができる．

月にどれも食べない 4 人を除いて，290 人について食料威信スコアを求めた（分布は図 **2.4**）．最小は 23.1 点，最大 60.8，平均 46.5，標準偏差 6.3 だった．一山でおおむね左右対称な分布となった．

では，どのような人が威信の高いものを食べているのだろうか．まずグループ別に比較した結果，年齢とともに，平均食料威信スコアが有意に上昇した（図 **2.5**）．既婚者でも，また（図にないが）子どもが増えても，食生活の格が上がった．しかし，性別，教育，従業上の地位，等価所得のグループ別では，有意な違いがなかった．

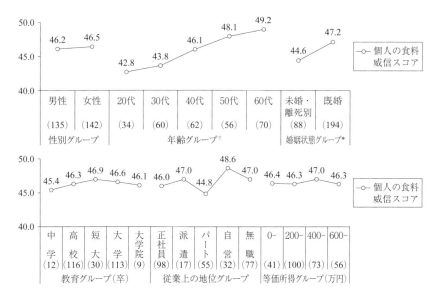

図 2.5 グループ別の個人の食料威信スコアの平均

注) $N = 287$（一部グループで欠損あり）．（ ）内は人数．正社員は公務員を，派遣は契約・嘱託社員を，パートはアルバイト・臨時雇用を，自営は自由業主・家族従業員・内職を，無職はその他を含む．分散分析で †$p<0.10$, *0.05, **0.01, ***0.001.

つぎに，グループごとの影響を同時に比べるために，個人の食料威信スコアを従属変数とした回帰分析を行なった（**表 2.4**）．その結果，年齢と教育のみが有意に影響していた（係数 0.333, 0.128）．つまり，他の影響を考慮しても，年配の人ほど，また教育が高い人ほど，平均すると威信の高い料理を食べていた．

この結果は，教育年数を短大卒以上か以下かに代えても，正規雇用かどうかをホワイトカラー職かどうかや有職かどうかに代えても，等価所得を世帯収入に代えても変わらなかった．

3.5 —— 食生活満足度への影響（仮説 3 の検証）

さらに，個人の食料威信スコアがその人の食生活満足度にどう影響するかを調べる．調査で「現在の自分の食生活に〜だ」として，1 = とても不満から 5 = とても満足の 5 段階で回答してもらった．293 人が回答し，平均 3.7，標準

表 2.4 食料威信スコアと食生活満足度を従属変数とした回帰分析結果

		従属変数	
		食料威信スコア	食生活満足度
属 性	男性ダミー	−0.088	0.087
	年 齢	0.333 ***	−0.080
	既婚ダミー	0.022	0.190 *
	同居人数	−0.131 †	0.099
	子ども数	0.119	−0.050
階層的地位	教育年数	0.128 *	0.082
	正規雇用ダミー	0.011	−0.083
	等価所得	0.015	0.078
食生活	食料威信スコア		0.144 *
決定係数		0.182	0.079
N		257	256

注）値は標準化係数．教育年数は中学卒 = 9, 高校卒 = 12, 短大卒 = 14, 大学卒 = 16, 大学院卒 = 18. † $p<0.10$, * 0.05, ** 0.01, *** 0.001.

偏差 0.9 であった．

　この食生活満足度を従属変数として，回帰分析を行なった（**表 2.4**）．その結果，配偶者がいる人ほど，また食料威信スコアが高い人ほど，有意に食生活に満足していた（係数 0.190, 0.144）．実際，食料威信スコア 30 点代の平均食生活満足度は 3.7 で，40 点代 3.7, 50 点代 3.9 とわずかながら上昇した．したがって，個人の食料威信スコアは，ゆるやかながら食生活にどれだけ満足するかに影響していた．以上の分析結果をまとめると，**図 2.6** となる．

4 —— 考　察

4.1 —— 分析結果の要約

（1）食料威信スコアの記述統計から，うなぎの格がもっとも高く 76.7 点，カップ麺がもっとも低く 21.6 点だった．スコアの範囲と標準偏差は，職業威信スコアや文化威信スコアより大きかった．

（2）下位グループの間の比較から，食料威信スコアの順序は，年齢別，男女

図 2.6 分析結果の要約
注）矢印は表 2.4 における有意な正の効果（促進効果）を表す．

別，婚姻状態別，教育別，職業別，等価所得別に下位グループに分けても共有されていた．因子分析を行なったら，うなぎと寿司と天ぷらからなる高級食，焼き魚とみそ汁の中間食，コロッケ・フライ，ポテトチップ，カップ麺の大衆食に分かれた．したがって，仮説 1 は支持された．

（3）個人の食料威信スコアを従属変数とした回帰分析から，年配の人ほど，また教育が高い人ほど食料威信スコアが高かった．したがって，仮説 2 は支持されたといえよう．

（4）さらに，食生活への満足度を従属変数とした回帰分析から，食料威信スコアが高い人ほど，食生活に満足していた．したがって，仮説 3 も支持された．

以上から，人びとは食べ物の「格が高いか低いか」について明確な評価をもっており，それによって個人の食生活や食生活満足度を理解できることがしめされた．

リサーチ・クエスチョンへの回答．料理には格の高低があり，食料威信スコアとして測定できた．そのため，食べ物には貴賤というより格の高低が存在した．さらに，個人の食生活にも格の違いがあり，教育の高い人ほど格の高い食生活を送り，食生活に満足していた．したがって，人びとが食べる料理の格と食生活満足度には，教育による偏りがあったので，「食生活格差」があった．以上から，階層的地位（とくに教育）は食生活を通して，人びとのライフスタイルを規定していた．

なお，食生活についての社会学的研究はまだ少ない（たとえば Mennell et al.（1993），佐藤・山根（2008），橋本（2008）など）．食べ物の威信スコアを測定したものに小林（2011a）があるが，個人の食料威信スコアへの応用はし

ていない.

4.2 ── 心の中の引き出し

　さて,盛山によれば量的調査における調査票は「全体が1つの観測装置である」(盛山 (2004: 79)).これまで「調査票のモデルはサーチライト型で考えられることが圧倒的に多かった.すなわち,対象の特性はすぐ目の前に現れているのだから,直接それに光を当てれば特性を観測できると考えられてきた」(盛山 (2004: 90)).性別や年齢のような属性や,海外旅行の頻度などの行動については,サーチライト型を想定してよいという.

　しかし,「質問文とそれが用意している選択肢の組とが,人々が実際にもっている諸特性と合致しているかどうか確実ではない.むしろ,非常に疑わしい」.そのため,「調査票はサーチライトというよりは,超音波を発信してその反射音波を解析する超音波探査機を使って海中や地中に何があるかを推測することに似ている」という.たとえば,「内閣支持率調査のように……評価的ないし規範的態度のほとんど……階層帰属意識もそうだ」(盛山 (2004: 90-91)).調査対象が客観的なものならサーチライト型,主観的なものならば超音波探査機型といえるだろう.

　今回の調査では,「格が高い」から「格が低い」まで5段階で評価してもらった.したがって,いわば人びとが心の中に5つの引き出しをもち,食べ物ごとに引き出しに収納していると想定した.しかも,順序があるので引き出しは一列に並び,また評価の平均を計算したので引き出しは同じ幅の必要がある.

　しかし,もしかしたら人びとの引き出しは5個ではなく7個かもしれないし,「格が高いか低いか」といった2個だけかもしれない.「貴いかどうか」という引き出しと一致していなかもしれない.あるいは,料理を格の高さで評価することはなく,「おいしいか」「値段が安いか」「手軽か」「健康や美容に役立つか」といった別の基準で考えている可能性もある.

　そもそも,食べることに関心がない人なら「食べられればみな同じ」と考えて,食べ物をあれこれ評価することすらしないかもしれない.そのため,もしより慎重になるなら,「分からない」「考えたことがない」を選択肢に入れるほうがよいだろう.

実際，やや異なる6個の料理について「上品かどうか」という形で質問したことがある（小林（2011a））．同じ手続きでスコアを求めたところ，寿司76.3点，カップ麺20.3となり，おおむね似た結果をえた．ただし，上品さという引き出しが，格の高さという引き出しと同じかどうかは自明ではないだろう．

4.3 ── 社会規範の構築

つまり，我われが「〜がよい」「〜するべき」といった社会規範を研究するとき，我われが想定する引き出しを人びとは心の中にもっているかもしれないし，もっていないかもしれない．それでも，理論を検証するためには，そうした心理が心の中に存在すると想定せざるをえない（小林（2002））．盛山なら，こうした社会規範を制度とよぶだろう（盛山（1995））．引き出しをもっていない場合，社会規範について社会調査をした結果，心の中にそれまでなかった引き出しが作りだされる．たとえば，食べ物の格の高さについて，これまでとくに考えたことがないという人もいたはずである．回答したあとで，「今日の自分の食事は格が高かったな」「あの人の食生活は格が低いな」などと気になりはじめたかもしれない．

さらに，回答を集計することで，それがあたかも人びとの間に実在しているかのように認識される可能性がある．このとき，実証研究によってあたらしい社会規範が構築されたといえる．個々人の評価を集計した食料威信スコアが，「食べ物には貴賤がある」ひいては「貴賤があるべきだ」というメッセージとして，人びとに受けとられる可能性があることは否定できまい．このとき，個人の意識と社会規範は，社会調査に媒介された循環関係にあるといえる．

たしかに，社会規範を実証研究によって分析することが，ややもすれば常識や差別意識を再確認し強化することになりかねない．その一方で，場合によってはこれまでと異なる価値を発見し，あたらしい社会規範が生成する契機にもなりうる．この意味で，社会規範にとって実証研究は，諸刃の剣となりえよう．

4.4 ── 今後の課題

（1）この章では，代表的な8つの料理を用いて個人の食生活の多様さを評価した．しかし，ステーキ，ラーメン，ハンバーガーなどここから漏れたものも

多数ある．食生活をより総合的に把握するには，対象とする料理を増やすことが必要だろう．

　（2）ある人の食料威信スコアが，その人の職業威信スコアや文化威信スコアと関連するのだろうか．階層的地位が高いと，すべてでスコアが高くなるかもしれない．一方，職業威信スコアは低いものの，食べ物や文化活動ではハイ・スコアとなるなど，いわば「威信スコアの非一貫性」も起こりうるだろう．

　（3）この章では，現在の職業威信スコアを検討した．現在の職業（現職）が最初の職業（初職）に大きく規定されるように，現在の食生活（現食と呼ぼう）も過去の食生活に左右されるかもしれない．そこで，小林（2017b）では15歳時の食生活を最初の食生活（初食とよぶ）として，初食から現食への影響を分析した．したがって，20歳時，30歳時の食生活などを追加できれば，より精緻に規定構造を解明できるだろう．

3章
なぜ海藻格差は階層格差なのか
―― 副菜格差の分析

　第2章〜第4章で，人びとの文化活動における格差を扱う．この章では，階層グループによって，野菜や海藻といった「副菜」の食べ方に偏りがないのかを分析する．食生活が充実していれば，ライフスタイルも充実するはずだ．

1 ── リサーチ・クエスチョン

1.1 ── エンゲル係数の低下

　どうすれば，満ち足りた食生活を送れるのだろうか．家計調査によれば，生活費にしめる食費の比率「エンゲル係数」は戦後から一貫して減少しつづけた（図3.1）．戦後1946年には66.4%で，生活費の7割ちかくを食べることがしめていたのが，ここ20年ほどは20%強で安定している．その結果，家計が豊かになって生活に余裕ができ，食生活が多様化したはずである．
　エンゲル係数が高い時代は，収入の多い人と少ない人で，食生活に格差があったことだろう．では，食生活は人びとの間で平等になったのだろうか．エンゲル係数が低下したため，「食うや食わず」の生活を強いられる人は，間違いなく減っただろう．しかし他方で，食生活が多様化し，その結果別の形で格差が発生したかもしれない．現在では，選択肢が増え自由に食べ物をえらぶことができるため，「なにを食べるか」が人によって，大きく異なっているだろう．
　たとえば，寿司，天ぷら，ステーキはかつて高級料理だったが，現在では1000円以下で食べることができる．だからといって，皆がそれらを食べるわけではない．揚げ物が苦手な人，ステーキより刺身を食べたい人もいるだろう．

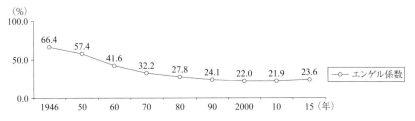

図 3.1 エンゲル係数の変化
注）出典：家計調査．1946-1960 年は全世帯で農林漁家世帯を除く．1970 年以降は 2 人以上世帯のうち勤労者世帯．

1.2 ── リサーチ・クエスチョン

　そうした食生活の違いは，一見すると個人的なことがらのようにみえる．しかし，もしかしたら背後に社会構造がひそんでいて，教育，職業，収入といった階層グループごとに異なるかもしれない．そうだとしたら，社会階層によって食生活に新たな格差が生まれていることになるだろう．

　この章ではとくに，野菜やきのこといった「副菜」に着目したい．厚生労働省と農林水産省は，2005 年に共同で「食事バランスガイド」を策定した．そこでは，米などの「主食」，野菜などの「副菜」，肉などの「主菜」，そして「牛乳・乳製品」「果物」をバランスよく食べることが提案されている．このうち副菜は野菜，きのこ，いも，海藻の 4 種類からなる．「主にビタミン，ミネラル，食物繊維の供給源」として，1 日に野菜料理なら 5 皿程度が推奨されている．

　これら副菜は，食べることで栄養の偏りをさけることができる．さらに，主菜に比べおおむね安価である．そのため，収入によって購入しやすい，しにくいということはすくないはずだ．

　その一方で，（牛丼，ハンバーガーなど）外食では副菜は含まれないこともあるため，自分で意識しないと減りがちであろう．そのためむしろ，副菜は「多様なものを食べて，栄養バランスを整えるべきだ」といった価値観をもつかどうかによって，摂取が左右されると予想できる．つまり，副菜は「バランスのとれた食生活」を象徴しているといえる．そこで，この章では以下の問題をリサーチ・クエスチョンとして調べる．

リサーチ・クエスチョン（副菜格差）．教育，職業，収入における階層的地位によって，野菜や海藻といった副菜の食べ方に格差があるのか．

この問題を解明できないと，所属する階層グループによって食生活に格差があり，その結果人びとの健康や美容で格差が拡大したとしても，ともすれば見すごしてしまうかもしれない．

1.3 ── 先行研究

それでは，食生活における格差について，これまでなにが分かっているだろうか．ブルデューはフランス社会を分析し，（工場などの）ブルーカラー労働者はエンゲル係数が高く，豚肉やバターを多く食べ，魚や果物が少なかったという（Bourdieu（1979））．

日本では，佐藤と山根が高校生を調査し，父親がブルーカラー労働者だと朝食や夕食を毎日は食べず，父親が高い教育を得ていると本人はメロンとごま和えを好んだ（とはいえ全体として親の影響は少ないと結論している，佐藤・山根（2008））．ただし，対象が高校生なので，本人の階層グループに違いがなかった．他に，橋本（2008）による飲酒の研究がある．

本人の社会階層の影響は，小林が分析した．教育の高い人ほど野菜と海藻をよく食べ，さらに野菜と海藻を食べる人ほど健康だった（小林（2010b））．ただし，対象が女性のみだった．

1.4 ── 仮　説

そこで，男性も含めて食生活における格差を検討する必要があろう（中井（2008）によれば，文化活動は性別によって異なる）．では，階層的地位は副菜の食べ方にどうかかわるだろうか．ここでは先行研究を参考にし，以下の仮説を立てて，データによって検証していこう（図3.2）．「社会階層が高い」とは，ここでは教育は最終学歴が高いほど，職業は従業上の地位で無職や（派遣・パートなど）非正規雇用より正社員ほど，収入は多いほどとする．

図 3.2 仮説
注）矢印は因果関係を表す．

仮説（階層的地位と副菜）．教育，職業，収入における階層的地位が高い人ほど，食生活への意識が高いため，野菜，きのこ，いも，海藻という副菜をよく食べるだろう．

2 ── 方　法

2.1 ── データ

データとして，2009 年社会階層とライフスタイルについての西東京市民調査と 2010 年社会階層とライフスタイルについての西東京市民調査の 2 つの調査を，結合して用いる（調査の概要は**表 3.1**）．標本はランダム・サンプリングによって収集された 1581 人であり，そのうち 1459 人を分析対象とする．共通の質問項目をつかって，2009 年調査は女性を，2010 年調査は男性を対象とした．西東京市は東京都のほぼ中央に位置し，典型的な都市郊外地域である．

2.2 ── 事　例

この章では，副菜のうち，先行研究と同じく野菜と（ワカメ，昆布，のり，ひじきなど）海藻に焦点をあてて事例としよう．国民健康・栄養調査によれば，副菜 4 種類のうち，野菜がもっとも摂取され，海藻がもっとも少なかったからである．国民健康・栄養調査によれば，成人の 1 日あたり摂取量は副菜 357.4 グラムだった．内訳は野菜類 277.4 グラム，いも類 53.6 グラム，きのこ類 15.5 グラム，海藻類 10.9 グラムである．その他，主食 439.2 グラム（調査では穀類），主菜 248.8 グラム（肉類 80.7 グラム，魚介類 78.6 グラム，卵類 34.7 グラム，豆類 54.8 グラム），牛乳・乳製品 96.1 グラム（乳類），果物 110.3 グラム（果実類）であった（平成 23 年結果の概要表 10，20 歳以上）．

表 3.1 調査の概要

調査名	2009 年社会階層とライフスタイルについての西東京市民調査，2010 年社会階層とライフスタイルについての西東京市民調査
実施者	小林盾
調査期間	2009 年 9-11 月（2009 年調査），2010 年 8-11 月（2010 年調査）
調査方法	郵送調査
母集団	2009 年 10 月 31 日時点で満 35-59 歳の東京都西東京市在住の個人（1949 年 11 月 1 日〜 1974 年 10 月 31 日生まれ）
計画標本	各調査 1,200 人
抽出方法	層化 2 段無作為抽出法
有効回収数	2009 年調査 821 人（有効回収率 68.6%），2010 年調査 760 人（64.0%）
分析対象	分析する全変数に回答した 1,459 人．構成は男性 48.7%，平均年齢 46.3 歳，未婚 15.5%／既婚 77.5%／離死別 7.0%．平均教育年数 13.9 年，正社員・公務員 44.8%／派遣・契約・嘱託社員 6.9%／パート・アルバイト・臨時雇用 17.0%／自営業主・自由業主・家族従業員・内職 10.9%／その他 0.3%／無職 20.1%，専門職 16.2%／管理職 15.0%／事務職 20.6%／販売職 9.5%／熟練職 7.0%／半熟練職 3.4%／非熟練職 3.2%／農業 0.1%／その他・無職 25.1%．平均世帯年収 783.0 万円

2.3 ── 従属変数

野菜と海藻をそれぞれ，毎日食べるかどうか以下のように質問した（調査では食生活について他に，果物，豆腐や納豆など大豆製品，カップ麺，ハンバーガー，みそ汁，朝食をそれぞれ摂取するかを質問した）．さらに，野菜と海藻の摂取を全体として把握するために，毎日両方を食べるなら 2 ポイント，片方なら 1，どちらもないなら 0 としよう．

質問（普段の食生活）．あなたの普段の食生活について，以下のことが当てはまりますか（○はいくつでも）

```
ほぼ毎日，野菜を食べる
ほぼ毎日，海藻を食べる
```

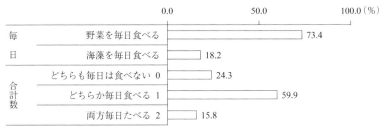

図 3.3 野菜や海藻を毎日食べる人の分布（$N = 1,459$）

3 ── 分析結果

3.1 ── 分 布

　まず，人びとが野菜と海藻をどれくらい食べているのかを確認しよう．データによれば，73.4% の人が野菜を毎日食べていた（図 3.3）．海藻を毎日食べるのは 18.2% の人で，野菜よりはだいぶ少ない．

　合計数をみると，どちらも食べない人が 24.3% いた．どちらか片方のみという人は，59.9% で最多だった．両方を毎日食べるのは，15.8% でもっとも少なかった．

3.2 ── 属性グループ別の比較

　つぎに，属性グループによる違いをみていこう（図 3.4）．第 1 に性別グループで比較すると，女性ほど野菜も海藻もよく食べた．野菜を毎日食べるのは男性のうち 56.6%，女性 89.3% であり，海藻は男性 14.9%，女性 21.2% と，どちらも女性が男性のほぼ 1.5 倍だった．合計数でも，男性 0.72 にたいして女性 1.11 とおよそ 1.5 倍であった．これらは統計的に有意な差だった．健康は男女ともに意識するが，女性は美容への効果も考慮して食事を選択しているのかもしれない．

　第 2 に年代グループ別に比較すると，年配の人ほど野菜も海藻も食べていた．野菜は 30 代 69.5%，50 代 76.2% であり，海藻は 30 代 16.5%，50 代 21.6% と増える．合計数は 30 代 0.86 から 50 代 0.98 とどちらかは毎日摂取していた．

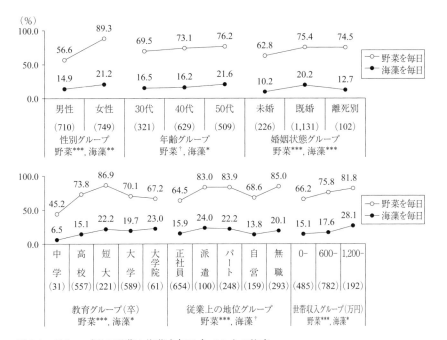

図 3.4　グループ別の野菜や海藻を毎日食べる人の比率
注）$N = 1,459$（一部グループで欠損あり）．（　）内は人数．正社員は公務員を，派遣は契約・嘱託社員を，パートはアルバイト・臨時雇用を，自営は自由業主・家族従業員・内職を，無職はその他を含む．カイ二乗検定で $^†p<0.10$, $^*0.05$, $^{**}0.01$, $^{***}0.001$．

これらは統計的に有意な差だった．年齢があがるほど，健康に問題が発生しだし，食生活を意識せざるをえなくなるためであろう．

　第3に婚姻状態グループ別に比較したら，おおむね既婚者ほどもっともよく食べ，離死別者，未婚者の順で減っていった．野菜は既婚者75.4%, 未婚者62.8% が毎日食べ，海藻は既婚者20.2%, 未婚者10.2% だった．合計数をみると，既婚者は0.96でどちらかを毎日摂取するのにたいし，未婚者は0.73だった．これらの差は統計的に有意だった．なお，子と同居している人ほどどちらもよく食べ，独り暮らしの人ほど食べる機会が減っていた．親と同居していることは，影響なかった．結婚していると，食事を家族で共有するため，栄養バランスを意識するようになるのだろう．

3.3 ── 階層グループ別の比較

では，階層グループは違いをもたらすのか．第1に教育グループ別に比較したら，おおむね教育が高い人ほど野菜も海藻も食べていた（図3.4）．野菜は中学卒45.2%にたいして大学卒70.1%が毎日摂取し，海藻は中学卒6.5%にたいして大学卒19.7%と3倍が毎日食べていた．合計数は，中学卒0.52から大学卒0.90とほぼ倍増した．これらの差は統計的に有意だった．なお，野菜摂取が短大卒でピークとなり，大学卒より高校卒が高くなっている．これは女性に高校卒と短大卒が多く，さらに女性が男性より野菜を摂取するためである．そこで男女別に比較したところ，それぞれ教育があがるほど，野菜摂取が増えていった．

ここで，合計数が0で野菜も海藻も毎日は食べない人が，どのような人か調べてみよう．すると，中学卒のうち半分以上の54.8%がどちらも食べないが，大学卒では26.7%へと半減する．逆に，合計数が2でどちらも毎日食べる人は，中学卒6.5%から大学卒16.5%へと2.5倍に増える．これらの差は統計的に有意だった．つまり，教育によって副菜の摂取から遠ざかっているグループと，毎日食べているグループとに分かれているようである．したがって，教育グループによって，野菜と海藻の食べ方に格差があることが分かった．

第2に，従業上の地位グループ別に比較しよう．すると，明確な違いはなかった．仮説どおりであれば，正社員・公務員が非正規雇用労働者や無職者より副菜を食べているはずである．データによれば，野菜の摂取は正社員・公務員のうち64.5%が毎日だったが，パート・アルバイト・臨時雇用83.9%，無職85.0%のほうが多かった．海藻でも，正社員・公務員15.9%にたいして，パート・アルバイト・臨時雇用22.2%，無職20.1%と増える．どちらも仮説と逆の傾向となっている．とはいえ，野菜の差は統計的に有意だが，海藻の差は傾向があるに留まった．

ただし，男性のうち無職の比率は4.5%なのにたいし，女性のうちでは（おそらく専業主婦で）34.8%と多い．そのため，男女で職業の役割が異なる可能性がある．そこで，男女別に分けてから，有職か無職か，（有職者のうち自営業をのぞき正社員・公務員の）正規雇用かそれ以外の非正規雇用か，（有職者

のうち専門職・管理職・事務職の）ホワイトカラー労働者かそれ以外のブルーカラー労働者かで比較した．その結果，男女それぞれで，野菜の摂取，海藻の摂取，合計数について，どの比較をしても統計的に有意な違いはなかった．したがって，野菜も海藻も，職業グループが異なっても，平等に食べられているといえる．

　第3に，世帯収入グループで比較したところ，収入が多いほど野菜も海藻もよく食べていた．野菜を毎日食べるのは599万円以下の人のうち66.2%にたいし，1200万円以上では81.8%，海藻では599万円以下15.1%にたいし1200万円以上28.1%とほぼ倍増した．合計数は，0.81から1.10に増えた．これらの差は統計的に有意だった．

　野菜も海藻も食べない人は，599万円以下31.3%なのが，1200万円以上14.1%へと半減する．逆に両方摂取するのは，599万円以下12.6%が1200万円以上24.0%へとほぼ倍増する．これらは統計的に有意な差だった．したがって，世帯収入グループによって，野菜と海藻の摂取に格差があるといえよう．

3.4 ── 回帰分析（仮説の検証）

　こうした結果は，複数の変数で統制しても変わらないのだろうか．そこで，野菜と海藻の合計数（0-2個）を従属変数とした回帰分析を行なった（**表3.2**）．その結果，階層的地位のうち，教育と世帯収入が有意な正の効果をもった（係数0.069，0.069）．したがって，教育が高い人ほど，また世帯収入が多い人ほど，野菜または海藻を毎日食べていた．

　では，野菜と海藻を別々にみたらどうか．それぞれ毎日食べるかどうかを従属変数として，ロジスティック回帰分析を行なった（**表3.2**）．すると，教育が野菜摂取を促進する傾向があった（係数0.068）．また，非正規雇用であることと世帯収入が海藻摂取を促進する傾向があった（係数−0.402，0.044）．以上の分析結果をまとめると，**図3.5**となる．

表 3.2　副菜の摂取を従属変数とした回帰分析，ロジスティック回帰分析結果

		従属変数		
		毎日野菜・海藻の合計数	毎日野菜ダミー	毎日海藻ダミー
属　性	男性ダミー	−0.295 ***	−1.988 ***	−0.233
	年　齢	0.012	0.045	0.009
	既婚ダミー	0.090 **	0.278	0.683 **
階層的地位	教育年数	0.069 *	0.068 †	0.060
	正規雇用ダミー	−0.045	−0.028	−0.402 †
	世帯年収	0.069 *	0.033	0.044 †
決定係数		0.115		
−2 対数尤度			1061.6	927.1

注）$N = 1,007$．毎日野菜・海藻の合計数は回帰分析，他の2つはロジスティック回帰分析．値は標準化係数（回帰分析），回帰係数（ロジスティック回帰分析）．教育年数は中学卒＝9，高校卒＝12，短大卒＝14，大学卒＝16，大学院卒＝18．$^{†}p<0.10$, $^{*}0.05$, $^{**}0.01$, $^{***}0.001$．

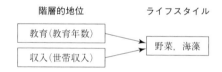

図 3.5　分析結果の要約
注）矢印は表 3.2 における有意な正の効果（促進効果）を表す．

4 ── 考　察

4.1 ── 分析結果の要約

（1）分布から，野菜か海藻のどちらかを毎日食べる人がもっとも多く，つぎに多いのはどちらも毎日は食べない人たちだった．

（2）属性グループによる比較から，女性ほど，年配の人ほど，現在結婚している人ほど，野菜も海藻もよく食べた．

（3）階層グループによる比較から，教育が高い人ほど，野菜も海藻もよく食べる．従業上の地位グループによる違いはなかった．世帯収入が多くなるほど，野菜も海藻も摂取されていた．

(4) 回帰分析から，教育と世帯収入が，野菜と海藻の摂取の合計数を促進した．

以上から，職業の明確な影響はなかったが，仮説はおおむね支持されたといえるだろう．つまり，「教育と世帯収入が高い人ほど，野菜と海藻をよく食べる」ということが分かった．したがって，「食生活は平等なのか」という冒頭の問題にたいして，以下のように結論できるだろう．

リサーチ・クエスチョンへの回答．食生活のうち，野菜と海藻という副菜は，教育と世帯収入が高いほど摂取されていた．したがって，食生活には，教育と収入による偏りがあったので，「野菜格差」と「海藻格差」があった．以上から，階層的地位（とくに教育と収入）は副菜を通して，人びとのライフスタイルを規定していた．

4.2 —— 海藻格差は階層格差

この意味で，「野菜格差」や「海藻格差」は階層的地位による階層格差でもあるといえよう（三浦編（2009）はインターネット調査をもとに，勉強好きな女性が海藻をよく食べることから，海藻格差は階層格差になっているという）．

では，なぜ教育と世帯収入で食生活の違いがあるのだろうか．大学で「なにを食べるべきか」をおそわるわけではない．また，うなぎやキャビアなら高価なので，収入による差があっても不思議はないが，野菜も海藻も比較的安価なものである．

現代社会では，自由に食べ物を選択できるようになった．外食したいとき，和食，洋食，中華料理，エスニック料理とさまざまな料理を，ファストフード店，定食屋，レストラン，高級店などで食べることができる．コンビニエンスストアへいけば，おにぎりから寿司や鰻丼まで購入することができる．

しかし，食生活はたしかに多様となったが，その結果かえって人びとの間に格差が発生しているのかもしれない．人類は長いあいだ，選択の余地なく「いま目の前にある食べられる物」を食べてきたことだろう．ところが，現代の我われはファストフードのハンバーガーを1カ月食べつづけてもよいし，家で毎

日時間をかけて主食,主菜,副菜,果物を用意してもよい.

4.3 —— 副菜というリトマス試験紙

　この章での分析から,少なくとも副菜について階層的地位による格差があることが確認できた(ここでは副菜に着目したが,果物,大豆製品,みそ汁,朝食を対象に同じ分析をしたところ,おおむね同様の傾向が観察された).副菜は食べなくても空腹になることはない.すぐに命にかかわることもない.そのため,「食べなくちゃ」と自分で意識しないかぎり,毎日食べることは難しいだろう.だが,それゆえに積極的に摂取する人とそうでない人で,格差がうまれやすいようだ.

　それでは,格差がどうして階層的地位に基づくのだろうか.たしかに副菜は,長期的に健康や美容を促進する.ただし,それだけでなく,料理に色彩と多様性を追加し,会話の糸口を提供し,ゆったり時間をかけて食べることに貢献するだろう.こうしたことに価値をみいだす人が,高い階層的地位の人の中に多いのかもしれない.さらに,そうした価値観をもっていることを周囲にアピールするために,あえてサラダや前菜を注文することもありうるだろう(ウェブレンは,見せびらかすための消費を「誇示的消費」とよぶ,Veblen (1899)).この意味で,副菜は,どのような食生活をおくっているかのいわば「リトマス試験紙」になっているようだ.

4.4 —— なにを食べないかという選択

　このさき,我われの食生活はますます多様化していくだろう.なにをどのように食べるかは,もちろん個人の自由だ.

　ただ,「ある1つのものを食べる」ことは,「それ以外のものは食べない」という選択をすることでもある.たとえば,昼食に「かけうどんを食べる」なら,それは同時に「野菜や海藻を食べないこと」も選択している.この章の分析で,教育や世帯収入によって「なにを食べるか」が異なることが分かった.したがって,「なにを食べないか」も階層グループによって異なることになる.

　そのため,自分では自由に食べているつもりが,気づかないうちに「食べていないもののリスト」を日々蓄積し拡大している可能性がある.さらにそれが,

図 3.6 男子大学生（左），女子大学生（右）によるある日の夕食の写真
注）左の内容は左から白米，吸い物，から揚げ．右の内容は炊き込みご飯とのり，春巻き，焼き肉とアスパラガス，焼き肉とパプリカ，ピクルス，茄子の煮物，麦茶．

教育グループや世帯収入グループごとに異なるようである．

このように，なにかを食べるときは，それが個人的な選択であると同時に，所属する階層グループからも影響をうけていると理解する必要があろう．そのうえで，「なにを食べていないか」を意識することが，現代社会では求められているのかもしれない．

4.5 ── 今後の課題

（1）この章では副菜のみに着目した．今後は白米などの主食，肉や魚といった主菜でも，階層的地位による格差があるのかを分析する必要があろう．

（2）たしかに教育グループや収入グループによって，副菜の採り方が異なっていた．しかし，個人ごとの違いも大きいことだろう．たとえば，筆者は担当する大学のゼミで，学生に 3 日間食べたものをすべて写真で記録してもらった．図 3.6 はそのうち代表的な 2 名の夕食である（写真法について詳しくは小林（2017b））．一見して分かるとおり，どちらも同じ教育グループにいながら，品数も彩りも大きく異なる．とくに写真左には副菜がまったくないが，写真右には野菜と海藻が豊富にある．そのため，これまでどのような食生活を送ってきたのかや，食生活にどのような意識をもっているのかを加味できると，分析により膨らみがでることだろう．

4章
趣味はオムニボア(雑食)かユニボア(偏食)か
――文化格差の分析

　第2章～第4章で，人びとの文化活動における格差を扱う．この章では，階層グループによって，人びとの「趣味」のもち方に偏りがないのかを分析する．趣味をもって豊かな時間を過ごせれば，ライフスタイルがより豊かになることだろう．

1 ── リサーチ・クエスチョン

1.1 ── 余暇時間の増加

　どうすれば，趣味を楽しむことができるだろうか．社会生活基本調査によれば，過去40年間で余暇時間はおおむね増えてきた（図 **4.1**）．新聞・テレビなどのメディア視聴時間に変化がないのにたいし，人びとは趣味・娯楽やスポーツに多くの時間を使うようになった．その結果，そうした文化活動は多様化してきたはずである．では，どのような趣味をもち，どのように文化活動をするのかについて，人びとの間に違いはあるのだろうか．

1.2 ── 生産の不平等と消費の不平等

　これまで不平等研究は，マルクス以来「生産」における不平等にもっぱらアタックしてきた．しかし，「消費」（よりひろくは趣味やライフスタイル）にも不平等があり，地位と関連することが指摘されてきた（Veblen（1899），DiMaggio（1987），DiMaggio and Ostrower（1990）など）．とくに，音楽や美術などの文化消費（この章では文化活動とよぶ）が着目されてきた．
　ブルデューの「文化資本論」によれば，特定の地位の人びとが特定の文化活

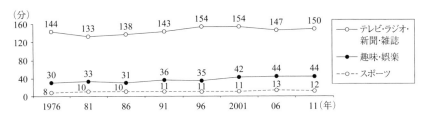

図 4.1 1日の余暇時間の推移
注) 出典：社会生活基本調査.

動を行なう（Bourdieu（1979），Bourdieu（1986））．とくに，教育，職業，収入などで階層的地位の高い人びと（高地位者）が，クラシック音楽や美術館といった「高級文化」（ハイ・カルチャー）を独占する．階層的地位の低い人は，高級文化より低いとされる「中間文化」やもっと低い「大衆文化」しか享受できない．このため，文化資本論は「対応説」や「排除説」とも呼ばれる．その結果，高地位者は，文化活動を文化資本として活用することで，階層構造を維持し再生産するという．

これにたいし，ピーターソンらは，文化活動の「オムニボア説」を提唱する（Peterson and Simkus（1992），Peterson and Kern（1996），Chan and Goldthorpe（2007）など）．オムニボアとは多趣味で「雑食」であることを，ユニボアは趣味が偏っていて「偏食」であることを意味する．この章では，以下と定義する．

定義1（文化的オムニボア，ユニボア）． 人びとが文化活動のうち，高級文化だけでなく中間文化や大衆文化も実行しているとき，その人の文化活動は「文化的オムニボア」（雑食）であるという．特定の文化活動だけ実行するとき，「文化的ユニボア」（偏食）といい，とくに高級文化や中間文化や大衆文化だけのとき，「高級文化ユニボア」，「中間文化ユニボア」，「大衆文化ユニボア」という．

オムニボア説によれば，高地位者ほど，寛容であることを重視し，「多様な文化活動をするべき」という規範を内面化している．たとえば，アメリカ社会では高地位者ほど，音楽消費でクラシック・オペラからロック・カントリーま

で多様なジャンルを好んだ（Peterson and Simkus（1992））. 排除説に従えば，高地位者ほど高級文化ユニボアとなるはずである.

　日本社会については，片岡（2000）が1995年SSM調査を，中井（2008）が2005年SSM調査を分析し，ここ数年で文化活動を経験したかを調べた. その結果，どちらの分析でも高地位者ほど，高級文化とともに中間文化・大衆文化を経験していた.

　なお，文化活動の説明には，他に「階層的地位の影響よりも個人ごとの違い」を重視する「個人化説」がある（たとえばBauman（1988），Beck（1986））. また，合理的選択理論による文化活動の説明には，Becker（1996）がある. ただし，この章では焦点を絞るために，この2つは取りあげない.

1.3 ── リサーチ・クエスチョン

　文化資本論でもオムニボア説でも，「人びとが文化活動についてどのような信念をもっていて，それが文化活動にどう影響したのか」は，じゅうぶんに解明されてこなかった.

　しかし，もし信念の役割が未解明のままだと，ややもすれば誤った信念を通して文化格差が拡大し，その結果社会的不平等が再生産されかねないだろう. そこで，以下のリサーチ・クエスチョンを検討する.

リサーチ・クエスチョン（文化格差）. 教育，職業，収入における階層的地位によって，文化活動における格差はあるのか. とくに，階層的地位によってオムニボア（雑食）やユニボア（偏食）となるのか. そのとき，信念はどのような役割を果たすのか.

1.4 ── 分析社会学と合理的選択理論

　ここでは，分析社会学を用いて仮説を立てる. とくに，合理的選択理論の理論フレームと比較しながら分析する（ただし，共通点と差異が明確になるよう，ここでは単純化し骨格のみを抽出している）.

　分析社会学と合理的選択理論はどちらも，社会現象を理解するとき，「個人レベル」に分解し，個人の意図的（Intentional）な行為を分析することで，「因

果メカニズム」を解明することを目指す．このように，ミクロ・マクロ・リンクという枠組みを前提とする点で，共通している．

そのうえで合理的選択理論は，以下の中心的な仮定をもつ（これはとくに期待効用理論と呼ばれる）（Coleman（1990），佐藤（1998a），小林（2016a）参照）．

仮定 1（合理的選択理論の中心仮定）．（1）（行為の主な要因）各個人は，さまざまな選択肢（選択対象）について，「～の価値がある」という「効用」（選好，利益）をもつ．結果が不確実に発生する場合，選択肢ごとに「～くらいの可能性で起こるだろう」という「主観的確率」が割り当てられる．個人は，行為を効用の期待値（「主観的確率×効用」の和）で評価し，期待効用を得る．さらに，費用や時間といった「制約」によって制限を受ける．

（2）（行為の説明）人間は合理的であるため，人びとの行為は，制約のもとで期待効用を最大化した「合理的選択」として説明できる．

これにたいし，分析社会学は，どのような理論フレームをもつのだろうか．ここでは，ヘドストロームのDBO理論を中心に整理してみよう（Hedström（2005），Manzo（2014），打越（2016）参照．合理的選択理論と分析社会学の比較は，Hedström and Ylikoski（2014）がある．

仮定 2（分析社会学の中心仮定）．（1）（行為の主な要因）各個人は，「～したい」という「欲求」Desire と，「自分や世界は～だろう」という「信念」Belief をもつ．信念は，主観的心理的ないわば思い込みであるため，正しい必要はない．さらに，客観的条件である「機会」Opportunity に制約される（DBO理論）．

（2）（行為の説明）人びとの行為は，欲求，信念，機会のさまざまな組み合わせの帰結として説明できる．このとき，その行為は意図的であればよいため，かならずしも合理的選択とはかぎらず非合理的なこともある．

このように，合理的選択理論と分析社会学は共通点をもちながら，違いもある．たとえば，分析社会学は「信念」を用いることで，非合理的な行為をも明示的に扱える．分析社会学においては，行為は合理的なこともあれば，非合理

的なこともある．

　さらに，信念は「じつは人類はまだ月に到着していない」や「自分こそ世界の支配者である」といった，根拠のない思い込みであってもよい．たとえば，「雨乞いをした結果，集団の結束が深まる」といった「意図せざる結果」（Merton（1949））を，合理的選択理論では説明しにくいが，分析社会学はしやすい．

　この点で，分析社会学は合理的選択理論より広範囲にわたって「主観的要素」をカバーし，行為の心理的側面の役割を取りこむことができるといえる．その結果，分析社会学の想定する人間像は，合理的選択理論のものより（よくいえば）広く豊かで人間くさいものであり，（悪くいえば）緩くあいまいであるといえる．合理的選択理論は，人間を「期待効用を最大化する合理的なもの」とあえて限定して捉えることで，シャープな仮説設定を可能としてきた．

1.5 ── 仮　説

　まず，そもそも社会階層は文化的オムニボアとなったりユニボアとなったりすることに，どう影響するのだろうか．先行研究に従って，以下の仮説を検証しよう．

仮説1（階層とオムニボア）．教育，職業，収入における階層的地位が高い人ほど，「多様な文化活動を行なうべき」という社会規範を内面化しているため，文化的オムニボアとなるだろう．低い人ほど，文化的ユニボアとなるだろう．

　つぎに，分析社会学のDBO理論を用いると，どのように文化的オムニボアを説明できるだろうか．オムニボア説によれば，人びとが「多様な文化活動を行なうべき」との社会規範を内面化し，「自分は多様な文化活動を実行できる」という自己認識をもつとき，文化的オムニボアとなる．したがって，こうした「多様性への信念」がDBO理論における信念として，もっとも基本的な原因となるだろうと想定できる．

　ただし，たとえ信念をもっていたとしても，時間，施設，いっしょに行なう人などの機会（チャンス）に恵まれないと，文化活動はできないだろう．たとえば，いくら美術展に行きたくても，近くに美術館がなければ実現できない．

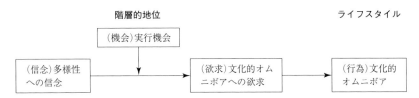

図 4.2 仮説 2（分析社会学を用いた文化的オムニボアの説明）
注）矢印は因果関係を表し，矢印の交差は交互作用を表す（信念は実行機会があるときはじめて，欲求の原因となる）．

いくら小説を読みたくても，収入が皆無であれば難しい．そのため，実行機会があるかどうかが，信念との交互作用となって文化活動を規定すると予想できる．こうして，実行機会がDBO理論における「機会」に相当するだろう．そして，高地位者ほど，実行機会に恵まれやすいだろう．

多様性への信念と実行機会の両方が揃ったとき，人びとは「オムニボア的に多様な文化活動をしたい」という欲求をもつことだろう．これがDBO理論における「欲求」となる．その結果，人びとは文化的オムニボアという「行為」を実行すると予想できる．以上をまとめると，以下の仮説2となる（図4.2）．なお，仮定2より，DBO理論は欲求，信念，機会をさまざまに組み合わせることができる．仮説2は，そうした組み合わせのうちの1つである．

仮説 2（分析社会学によるオムニボアの説明）．「自分は多様な文化活動を実行できる」という多様性への信念をもち，さらに実行する機会に恵まれた人ほど，オムニボアへの欲求をもつので，文化的オムニボアとなるだろう．

これにたいし，合理的選択理論に基づくと，文化的オムニボアはどのように説明できるだろうか．合理的選択理論が信念を仮定しないとすると，仮説2において信念が（単独でも交互作用でも）効果をもたないはずである．そこで，以下の仮説2′を立てて，仮説2と比較しよう．

仮説 2′（合理的選択理論によるオムニボアの説明）．仮説2における信念は，単独でも交互作用でも，効果をもたないだろう．

2 ── 方 法

2.1 ── データ

データとして，2015年階層と社会意識全国調査（2015年第1回SSP調査）を用いる（調査の概要は表**4.1**）．標本はランダム・サンプリングによって収集された3575人であり，そのうち2769人を分析対象とする．

2.2 ── 従属変数

3つの文化活動について質問し，高級文化と中間文化に分けたうえで，両方を実行している度合いを「オムニボア・スコア」として指標化する．先行研究では実行するかしないかの「2値」で分析された．しかし，せっかく頻度の情報があるので，ここではそれを用いてより精緻に分析する．

文化活動の実行頻度について，以下で質問した．

質問（文化活動）．あなたは，つぎにあげるような活動をしていますか．最近の5，6年についてお答えください．

```
（ア） 月に1回以上
（イ） 年に1回から数回
（ウ） 数年に1回くらい
（エ） 最近5，6年はしたことはない
（オ） 今まで1度もしたことがない
```

項目は5つあった．そのうち，1995年SSM調査で文化威信スコアが判明している3項目「クラシック音楽の音楽会・コンサートへ行く（以下クラシック音楽）」「美術展や博物館に行く（美術展）」「小説や歴史の本を読む（小説）」を分析する（分布は図**4.3**左）（文化威信スコアについては片岡（1998a）参照）（ただし，小説についてのみ「週1回以上」の選択肢がある）．

値は年〜回という頻度にし，量的変数として扱う（週に1回以上 = 52，月に1回以上 = 12，年に1回から数回 = 1，数年に1回ぐらい = 0.5，最近5，6年はしたことはない，今まで1度もしたことがない = 0）．

表 4.1 調査の概要

調査名	2015 年階層と社会意識全国調査（2015 年第 1 回 SSP 調査）
実施者	吉川徹
調査期間	2015 年 1-6 月
調査方法	コンピュータ（タブレット端末）を用いた面接調査
母集団	2014 年 12 月 31 日時点で満 20-64 歳の全国個人（1950 年 1 月 1 日〜 1994 年 12 月 31 日生まれ）
計画標本	9,000 人
抽出方法	層化 3 段無作為抽出法
有効回収数	3,575 人（有効回収率 43.0%）
分析対象	分析する全変数に回答した 2,769 人．構成は男性 46.8%，平均年齢 45.5 歳，未婚 20.4%／既婚 72.0%／離死別 7.6%．区部（政令指定都市）25.4%／人口 20 万人以上の市部 25.0%／人口 10 万人以上の市部 17.2%／人口 10 万人未満の市部 24.2%／郡部 8.2%．平均教育年数 13.4 年．経営者・役員 4.4%／常時雇用 44.9%／臨時雇用・パート・アルバイト 19.6%／派遣社員 1.6%／契約社員・嘱託 4.4%／自営業主・自由業者 8.1%／無職 16.9%．専門職 19.1%／管理職 3.2%／事務職 18.3%／販売職 12.3%／熟練職 10.6%／半熟練職 10.1%／非熟練職 5.0%／農業 2.0%／無職・学生 17.0%／無回答 2.5%．平均等価所得 379.7 万円

因子分析の結果，クラシック音楽と美術展はもっとも威信の高い「高級文化」，小説はその次の「中間文化」であることが分かっている（他にもっとも威信の低い「大衆文化」がある，片岡（1998a））．そこで，クラシック音楽と美術展を「高級文化」として，ひとまとめにする．そのうえで，頻度を足して「高級文化頻度」とする．平均年 0.9 回，標準偏差 2.1 だった．小説は「中間文化」として，頻度をそのまま用い「中間文化頻度」M とする（Middle culture より）．平均 8.7 回，標準偏差 16.6 だった．

ただし，このままでは高級文化頻度と中間文化頻度で平均が異なる．そこで，クラシック音楽と美術展の頻度和が中間文化の平均頻度と一致するよう 9.4 倍したものを，高級文化頻度 H とする（High culture より，$H, M \geq 0$）（高級文化頻度と中間文化頻度を標準化すると，各値が負となりうるため以下のオムニボア・スコアを定義できないので，ここでは平均頻度を用いる）．その結果，平均 8.7 回，標準偏差 19.7 となった．

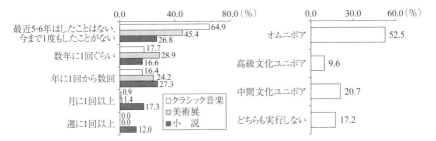

図 4.3　3つの文化活動の実行頻度の分布（左），文化的オムニボアと文化的ユニボアの（数年に1回以上実行の）分布（右）

注）$N = 2,769$．高級文化はクラシック音楽と美術展，中間文化は小説．オムニボアは高級文化を実行した場合（クラシック音楽または美術展の少なくともどちらかを数年に1回以上実行）．

2.3 ── 幾何平均としての文化的オムニボア

オムニボアの度合いを，頻度を用いて把握するには，どのようにすればよいだろうか．算術平均（通常の平均）で $(H+M)/2$ とすると，片方の実行頻度が多いと，他方が少なくても値が上昇してしまう．たとえば，両方の文化活動が年10回の場合と，高級文化が年20回で中間文化が0回の場合で，どちらも値が10となり一致する．これでは，定義1の「高級文化と他の文化活動を同時に行なう」という文化的オムニボアを捉えきれない．そこで，ここでは以下のように幾何平均を用いる（グラフとスコアの分布は図4.4）．

定義2（オムニボア・スコア）．ある個人が高級文化を H の頻度で実行し，中間文化を M の頻度で実行するとき，文化的オムニボアの度合いを

$$\text{オムニボア・スコア} = \sqrt{HM}$$

で表す．

こうすると，幾何平均のため，高級文化と中間文化のどちらかの頻度が0だと，値が0となる．さらに，どちらも同程度実行しているとき，値がもっとも高くなる．そのため，文化的オムニボアの性質をよく表現しているだろう．

つぎに，ユニボアの度合いを，同じく頻度によって定義しよう．定義1より，

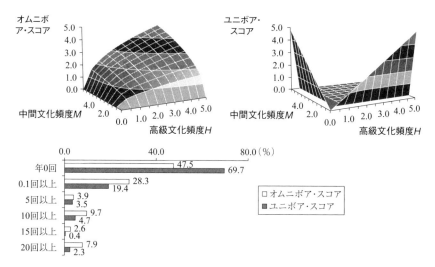

図 4.4 オムニボア・スコアのグラフ（上左），ユニボア・スコアのグラフ（上右），オムニボア・スコアとユニボア・スコアの分布（下）
注）$N = 2,769$.

他方の活動がないときのみ，値が上昇する必要がある．そこで，以下のように定義できるだろう（グラフとスコアの分布は図 4.4）．この定義によれば，たとえば中間文化を実行しないとき，高級文化の頻度がユニボア・スコアとなる．ぎゃくに，中間文化のみ実行しているとき，その頻度がユニボア・スコアとなる．

定義 3（ユニボア・スコア）．ある個人が高級文化を H の頻度で実行し，中間文化を M の頻度で実行するとき，文化的ユニボアの度合いを

$$\text{ユニボア・スコア} = \begin{cases} 0 = \text{if } H, M > 0 \\ H \text{ if } M = 0 \\ M \text{ if } H = 0 \end{cases}$$

で表す．

2.4 ── 独立変数

「文化的オムニボアへの欲求」を，今回のデータで測定することはできなかった．そこで，統計モデルには含めない．

「多様性への信念」は，5段階の主観的自由で測定する．「私の生き方は，おもに自分の考えで自由に決められる」かどうかを質問し，「1＝まったく当てはまらない」から「5＝よく当てはまる」まで5段階で回答を求めた（平均3.6，標準偏差1.0）．たしかにこの質問では，「多様ではなく特定の文化活動を自由に行ないたい」という場合もありうるだろうが，ここでは少数派だろうと想定している．また，「自由に決める対象」が文化活動に限定されていない．しかしそのぶん，従属変数から距離があるため，効果があればそれは確実なものといえよう．

「実行機会」は，等価所得で測定する．以下では単位を万円とする．等価所得が高いほど，余裕をもって文化活動を行なうことができるだろう．仮説に基づき，主観的自由と等価所得の交互作用も，独立変数とする．

2.5 ── 統制変数

他に統制変数として，男性ダミー（1＝男性，0＝女性），年齢，既婚ダミー（1＝既婚，0＝未婚と離死別の合計），都市ダミー（1＝区部と人口20万人以上の市部の合計，0＝人口20万人未満の市部と郡部の合計）を使用する．

なお，教育や職業の階層変数は，等価所得と関連がある（たとえば教育年数と等価所得の相関係数0.190）．そのため，統制変数から除いた．

3 ── 分析結果

3.1 ── 分　布

オムニボア・スコアは平均5.1，標準偏差9.7だった（分布は図 **4.4** 下）．ユニボア・スコアは平均2.7，標準偏差10.2だった（分布は図 **4.4** 下）．

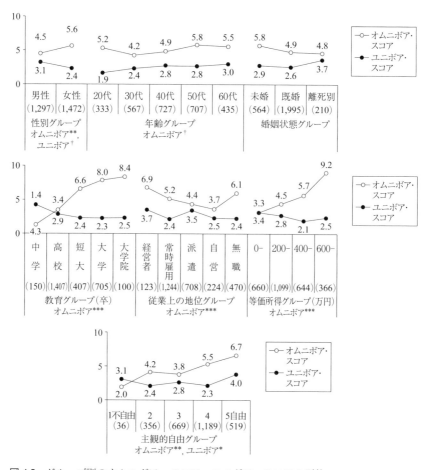

図 4.5 グループ別のオムニボア・スコア，ユニボア・スコアの平均

注）$N = 2,769$（一部グループで欠損あり）．（ ）内は人数．経営者は役員を，派遣は契約社員・嘱託・臨時雇用・パート・アルバイト1を，自営は自由業者・家族従業者・内職を含む．分散分析で $^{†}p<0.10$，$^{*}0.05$，$^{**}0.01$，$^{***}0.001$．

3.2 ── グループ別の比較

　まず，統制変数によって，従属変数に違いはあるだろうか．グループ別にオムニボア・スコアとユニボア・スコアの平均を比較すると，女性ほど，おおむね年輩者ほど，都市在住者ほど，教育が高い人ほど，オムニボア的な文化活動を有意に行なった．婚姻状態によって，有意な差はなかった．ユニボア・スコ

表 4.2　オムニボア・スコアとユニボア・スコアを従属変数とした回帰分析結果

		従属変数			
		オムニボア・スコア		ユニボア・スコア	
		モデル 1	モデル 2	モデル 1	モデル 2
属　性	男性ダミー	−0.075 ***	−0.078 ***	0.031	0.032
	年　齢	0.053 **	0.055 **	0.057 **	0.057
	既婚ダミー	−0.038 †	−0.040 *	−0.036 †	−0.035
	都市ダミー	0.087 ***	0.087 ***	−0.027	−0.027
信　念	主観的自由	0.093 ***	0.052 *	0.024	0.038
階層的地位（機会）	等価所得	0.105 ***	−0.027	−0.022	0.024
交互作用	主観的自由×等価所得		0.149 **		−0.052
決定係数		0.037	0.039	0.007	0.007

注）すべて $N = 2,769$. 値は標準化係数. †$p<0.10$, *0.05, **0.01, ***0.001.

アは，どの変数でも有意な違いを示さなかった．

つぎに，独立変数による差はあるのだろうか（図 4.5）．その結果，等価所得が高い人ほど，また自分の生き方を自由に決められると思っている人ほど，有意に文化活動がオムニボア的で多様だった．ユニボア・スコアも主観的自由グループで有意に異なったが，明確な傾向は読みとれなかった．

3.3 ── 回帰分析（仮説 1，2 の検証）

それでは，統制変数で統制しても，独立変数の効果は残るのだろうか．そこで，オムニボア・スコアとユニボア・スコアを従属変数とし，回帰分析を行なった（表 4.2）．

その結果，階層的地位の効果をみると，（モデル 1 より）等価所得の主効果が有意な正の効果をもった（係数 0.105）．（省略したが）等価所得を教育年数に変更しても，有意な正の効果をもった．したがって，高い階層的地位は，文化的オムニボアを促進した．

信念の役割はどうか．（モデル 1 より）主観的自由の主効果が，有意に正だった（係数 0.093）．ただし，（モデル 2 より）主観的自由と等価所得の交互作用を追加すると，等価所得の主効果が消え，交互作用が有意な正の効果をもっ

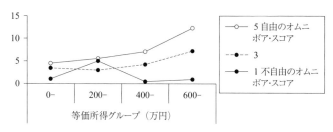

図 4.6 主観的自由グループ別に比較した，等価所得グループ別のオムニボア・スコア
注）$N = 2,769$．主観的自由と等価所得の交互作用を表す．ただし，主観的自由グループのうち値が 2 と 4 は省略．

た（係数 0.149）．つまり，等価所得の効果はいわば「見せかけ」であり，その正体は主観的自由との交互作用にあった（**図 4.6** は主観的自由グループごとに，等価所得からオムニボア・スコアへの効果の変化を表す）．

したがって，（仮説 2 の予想とはメカニズムがやや異なるが）所得が高いだけでは，文化的オムニボアとはならない．自由であると思ってはじめて，文化活動がオムニボアとなった．信念としての主観的自由の主効果は，交互作用を考慮してもなお，単独で文化的オムニボアを促進した．標準化係数をみると，交互作用がもっとも強い効果をもった（0.15）．

統制変数の効果をみると，（モデル 2 より）女性ほど，年配者ほど，未婚離死別者ほど，都市在住者ほど，オムニボア的な文化活動を実行していた．

ユニボア・スコアへの効果は，どうだろうか．（モデル 1，2 より）主観的自由，等価所得，それらの交互作用は，どれも有意な効果をもたなかった（モデル 2 で係数 0.038，0.024，-0.052）．統制変数では，（モデル 2 より）年配であることだけが有意な効果をもち，文化的ユニボアを促進した．

3.4 ── 頑健性のチェック

男女別に分析したところ，おおむね同じ結果を得たが，男性で交互作用が効果をもたなかった．等価所得を教育年数へと変更しても，同じ結果となった．

なお，高級文化と中間文化それぞれを数年に 1 回以上実行した場合を「オムニボア・ダミー」として，これを従属変数としたロジスティック回帰分析を行なった．その結果，主観的自由，等価所得，その交互作用はどれも有意な効果をもたなかった．このことは，この章が（実行の有無ではなく）頻度を用いた

図 4.7 分析結果の要約
注）矢印は**表 4.2** における有意な正の効果（促進効果）を表し，矢印の交差は有意な交互作用を表す．

ことで，信念や機会の役割を明らかにできたことを意味する．以上の分析結果をまとめると，図 4.7 となる．

4 ── 考　察

4.1 ── 分析結果の要約

（1）分布から，高級文化と中間文化の文化的オムニボアがもっとも多く，中間文化ユニボア，高級文化ユニボア，どちらも実行しないの順番だった．

（2）文化的オムニボアを従属変数とした回帰分析から，階層的地位のうち等価所得が高い人ほど，オムニボアだった．ただし，文化的ユニボアについては，信念も機会も効果をもたなかった．

（たとえば女性，都市在住者，教育の高い人，等価所得の高い人など）たしかに「オムニボアとなるならユニボアとなりにくいグループ」があり，オムニボアとユニボアがトレード・オフの関係となっている場合がある．その一方で，（年配者，未婚離死別者のように）「オムニボアにもユニボアにもなりやすいグループ」もあった．とすると，オムニボアとユニボアでは，促進・阻害するメカニズムが異なる可能性がある．

仮説 1 の検証結果．部分的に支持された．階層的地位が高い人ほど，文化的オムニボアとなった．しかし，文化的ユニボアに階層的地位は無関係だった．

（3）同じ回帰分析から，（主観的自由で測定された）多様性への信念は，単独でも（等価所得で測定された）実行機会との交互作用でも，文化的オムニボアを促進した．したがって，仮説 2 の検証結果は以下となる．

仮説 2，2′ の検証結果．仮説 2（分析社会学によるオムニボアの説明）が支持され，仮説 2′（合理的選択理論によるオムニボアの説明）は支持されなかった．

　この点で，分析社会学は合理的選択理論より説明力があったといえよう．さらに，階層的地位が効果をもったことから，個人化説は支持されなかった．
　では，階層的地位の低い人はなにをしているのだろうか．図 4.3 より，高級文化も中間文化もしない人が，今回のデータで 17.2% いた．この「無活動」の比率は，教育が低い人ほど，また等価所得が低い人ほど増えた（カイ二乗検定で有意）．ここから，「高地位者ほど文化的オムニボア，低階層者ほど文化活動をしない」という構造が，示唆される（片岡（2000），中井（2008）でも同様のことが示唆された）．
　こうして，リサーチ・クエスチョンにたいして以下の回答を与えることができるだろう．

リサーチ・クエスチョンへの回答．趣味という文化活動は，収入の高い人ほどオムニボアで雑食的となった．とくに，「自分は多様な文化活動を実行できる」という多様性への信念をもち，かつ等価所得が高いため実行機会がある人ほど，オムニボアとなった（ただし，ユニボアにはこれらの条件が促進も阻害もしなかった）．したがって，人びとの文化活動には，収入による偏りがあったので，「文化格差」があった．以上から，階層的地位（とくに収入）は趣味という文化活動を通して，人びとのライフスタイルを規定していた．

4.2 ── 先行研究との比較

　（1）文化活動の排他性：ブルデューの文化資本論によれば，特定の階層は特定の文化活動をする（対応説または排除説）．この章では，文化活動が排他的ではないことが示された．高階層ほど文化的オムニボアとなるため，特定の文化活動を他から排除するわけではなかった．一方，低階層ほどオムニボアではなくなるが，かといってユニボアとなって偏るわけでもなかった．現代日本社会では，このような規定構造で文化格差が存在しているようである．

(2) オムニボアの測定：中井（2008）などでは，文化的オムニボアを「ある文化活動をするかしないか」で捉えていた．この章では，年間の頻度に着目することで，より詳細に分析することができた．

　(3) 信念の役割：分析社会学の理論フレームを用いることで，社会現象の分析に（この章では主観的自由を取りこむことで）主観的心理的要因の役割を，信念として明示的に位置づけることができた．その結果，人びとの合理性を仮定しなくても，一定の説明をすることができた．

4.3 ── 今後の課題

　(1) 実証面では大衆文化を含めた分析，文化格差の時系列での比較，国際比較などが，課題となろう．また，「文化活動をした結果，信念が形成される」という逆の因果関係の可能性がないかも，検討する必要があろう．

　(2) 理論面では，「文化的オムニボアに（個人レベル，集団レベルで）合理性があるとすれば，それはどのようなものか」「近代社会の中で，文化的オムニボアは拡大しているのか，だとしたらなぜか」「文化活動を中心とするライフスタイルには，『静かな革命』として社会を変革する力はないのか」といった課題があろう．

5章
何人と交際すれば結婚できるのか
――恋愛格差の分析

　第5章〜第6章で，人びとの家族形成における格差を扱う．この章では，階層グループによって，人びとの「恋愛」が結婚に移行する仕方に偏りがないのかを分析する．恋愛はライフスタイルにとって不可欠ではないが，あればライフスタイルに彩りを添えよう．

1 ── リサーチ・クエスチョン

1.1 ── 恋愛結婚の増加

　恋愛経験は豊富なほど，結婚できるのだろうか．出生動向基本調査によれば，1930年では新規結婚のうち69.0%が「見合い結婚」で，恋愛に基づく「恋愛結婚」は13.4%だった．このように，日本社会における結婚は，50年ほど前まで「お見合いによる」というパターンが中心だった．その後，1960年代後半に見合い結婚を恋愛結婚が上回った．2015年では結婚のうち見合い結婚が5.5%，恋愛結婚が87.7%となり，恋愛結婚化がすすんでいる（図5.1）．その結果，恋愛から結婚への移行の仕方が多様化を経て収斂してきた．

　そのため，いわば「大学に入学するまえに高校にかよう」ように，現代社会ではだれかと恋愛することが結婚の前提条件となっているのかもしれない．そうだとすると，「恋愛から結婚への移行」をスムーズに行なえない人は，結婚という市場において不利となる可能性がある．

　一方，日本はかつてほぼすべての人が一度は結婚する「皆婚社会」であった．社会保障・人口問題研究所人口統計資料によれば，生涯未婚率（50歳時未婚率）は，1920年代以降男女とも1%台だった．ところが，1980年代から未婚

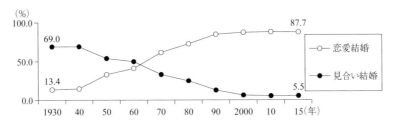

図 5.1 結婚の出会いの推移
注）出典：出生動向基本調査．初婚どうしの夫婦．恋愛結婚は「職場や仕事で」「友人・兄弟姉妹を通じて」「学校で」「街なかや旅先で」「サークル・クラブ・習いごとで」「アルバイトで」「幼なじみ・隣人」の合計．

者が増えはじめ，2010 年には男性 19.4%，女性 9.8% へと上昇して未婚化がすすんだ（6 章図 **6.1**）．なお，人口動態統計によれば，平均初婚年齢は 2011 年で男性 30.7 歳，女性 29.0 歳だった．

では，未婚化はすべての人に平等に訪れているのだろうか，それとも特定の人に集中しているのだろうか．2000 年国勢調査によれば，35-39 歳男性では，未婚率は高卒者のうち 26.8%，短大・高専卒者 24.9%，大卒者 22.2% であった．女性では，高卒者 11.9%，短大・高専卒者 14.1%，大卒者 18.1% であった．したがって，教育によって結婚格差が生じているようである．

1.2 ── 先行研究

このように，恋愛結婚化と未婚化が並行して進行し，さらに結婚格差が生じているようである．では，恋愛と結婚はどのように関連しているのだろうか．なぜ，結婚できる人がいる一方で，結婚できない人がいるのだろうか．教育はどのような役割をはたすのだろうか．

これまで，異性との交際経験がある人ほど結婚のための活動（婚活）を行なっていること（村上 2010），さまざまな影響を統制すると教育の高い人ほど結婚しやすいこと（佐藤・永井・三輪編 2010）が分かっている．

恋愛と結婚の関連については，内閣府（2011）がはじめて大規模な量的調査を行なった．その結果，恋人として交際した人数（現在の配偶者を含む）は全体で平均 2.9 人で，交際経験のない人は 20.9% いた．未既婚別では未婚者で平均交際人数 2.6 人（男性 2.4 人，女性 2.9 人），既婚者 4.2 人（男性 4.1 人，女

性 4.2 人) であった．したがって，交際人数が多いほど，結婚できるようにみえる．

1.3 ── リサーチ・クエスチョン

ただし，国勢調査によれば教育による結婚格差が存在するのに，ここでは教育の役割が分析されていない．そのため，教育によってメカニズムが異なったとしても，見逃しているかもしれない．さらに，性別や年齢といった属性を統制していないため，それらがおおきく影響している可能性がある．そこで，この章では次の問題を解いていくこととする．

リサーチ・クエスチョン（恋愛から結婚への移行の格差）．教育，職業，収入における階層的地位（とくに教育）によって，恋愛から結婚への移行に格差はあるのか．

より多くの人と交際すればするほど，結婚のチャンスが増えるのだろうか．教育にかかわらず，同じメカニズムがはたらくのだろうか．性別や年齢は影響するのだろうか．

この問題を解決できないと，ともすれば結婚前の人が「恋愛しないと結婚できない」とやみくもにプレッシャーを感じ，誤った努力をするかもしれない．その結果，かえって結婚を困難にするかもしれない．一方，行政などが結婚支援をするとき，本来なら異なる対応が求められているのに，一律に同じサポートを提供してしまう可能性がある．

1.4 ──「恋愛への投資」と「結婚による回収」

ここでは，結婚を株式市場のように人びとが競争する場である「結婚市場」として捉えてみよう．現代のように恋愛結婚化が進展すると，結婚市場における結婚の成立とは，誰かと恋愛関係になり，そこから配偶者を見つけることとなる．

結婚を市場における競争と捉えるなら，結婚前の恋愛関係は「資本」(キャピタル) への投資として概念化できるだろう．結婚まえに，どのような人とど

図 5.2 仮定(左,恋愛から結婚への移行),仮説(右)
(注)矢印は因果関係を表す.

のように交際するかで,結婚しやすさが左右されるかもしれないからである.

　資本というからには,かぎられた資源を「投資」し,そこから成果を「回収」する必要がある.現代社会の結婚市場では,人びとは異性との交際に時間,労力,感情,金銭などを投資し,その見返りとして結婚という成果を回収するとみなすことができるだろう(**図 5.2**参照).もし無事結婚に移行できれば,いわば株式への投資が成功したように,恋愛への投資が成功したことになる.

　では,人びとはどのように恋愛から結婚へと移行しているのか.ここでは,一度恋人と別れたあと,また恋人にもどるという「復縁」の可能性について考えたい.ゼクシィの調査によれば,52%の人が復縁したことがあるという(ゼクシィnetユーザーアンケート「元カレとの復活愛や初デートのお誘いについて」2011年7月実施,有効回答数113人の女性).さらに,復縁した人のうち,29%が結婚にいたったという(ゼクシィnetユーザーアンケート「未来の子どもの名前や同棲と結婚の違いについて」2010年6月実施,有効回答数277人の女性).そうだとしたら,(52%のうち29%で)およそ15%,つまり6-7人に1人が,復縁から結婚へと移行したことになる(この調査はモニタを対象とするためランダム・サンプリング調査ではないが,他に復縁に関するデータがないため1つの目安にはなろう).

　たしかに,恋人と別れたあと,没交渉となることもある.その一方で,「友達以上,恋人未満」としてゆるやかな関係がつづき,何かのきっかけで「焼け棒杭に火がつく」ことも起こりうる(上記調査によれば52%が経験).復縁の結果,結婚にいたることも期待できる(同15%).牛窪恵は復縁による結婚を「リサイクル婚」とよび,「過去の彼氏・彼女を活用するほうが,負荷もリスクも少ない」という(週刊新潮(2013:126)).

　したがって,人びとは恋愛によって異性との関係作りをし,たとえ別れても

一定の割合で関係を維持することで，配偶者候補を蓄積しているといえるだろう．その場合，候補者プールは，完全に疎遠とならないかぎりアクセス可能なものとして所持され，（同窓会，集団での会合など）きっかけがあれば再利用できることになる．

1.5 ── 社会関係資本（ソーシャル・キャピタル）としての恋愛

では，恋愛関係は結婚市場においてどのような資本として役立つのだろうか．もし恋愛関係が豊富なほど経験値があがるとしたら，一見すると恋愛関係は人的資本（ヒューマン・キャピタル）のようにみえる．ベッカーは人的資本を「人びとのもつ資源を増大することによって，将来の貨幣的および精神的所得の両方に影響をあたえるような諸活動」とし，例として「学校教育，職場訓練，医療，労働移動」をあげる（Becker（1964：11））．

とすると，人的資本とはあくまで個人が自分の中に蓄積するものであり，他人との関係や相手の意向は必要でなくなる．しかし，それでは「人間関係に投資する」という恋愛関係の特徴を，捉えることができなくなってしまう．

他方，リンは社会関係資本（ソーシャル・キャピタル）を「市場の中で見返りを期待して社会関係に投資すること」であり，「アクセスし動員される，社会構造に埋め込まれた資源」とみなす（Lin（2001：24, 38））．したがって，人びとが結婚市場において恋愛関係に投資し，配偶者候補を蓄積し，結婚という見返りを期待するのならば，そうした「人間関係に投資する」という恋愛関係の1つの側面を社会関係資本として捉えることができるだろう．

1.6 ── 仮　説

一般に，恋愛関係のあり方は多様だろう．そこでここでは，結婚前に何人と交際したかという「交際人数」に着目し，量的に把握する．では，何人と恋愛すれば，もっとも結婚しやすいのだろうか．つまり，何人の恋人への投資が，結婚チャンスを最大化させるのだろうか．多数と交際するほど，結婚できるのだろうか．むしろ「ほどほど」や少ないほうがよいのか．教育によって違いはあるのだろうか．

リンは，人びとが社会関係資本を用いることで，「社会関係への投資が資源

を豊かにし，それが結果としてよりよい見返りをあたえる」とする（Lin (2001：v)）．ただし，グループによって投資の仕方が異なるかもしれない．リンによれば，階層的地位の高い人ほど労働市場において多くの知人がいて「大きなネットワーク」をもち活用しているという（Lin (2001)）．これに対して，小林によれば中卒高卒者ほど，家族や親族という「小さなネットワーク」に頼りがちであった（小林 (2008)）．

つまり，高階層者は一般に教育が高いから，労働市場ではそうした人ほどネットワークが広く，教育の低い人ほど小さい．そしてそうしたネットワークを社会関係資本として活用して，就職したり転職しているようだ．

労働市場におけるこうした傾向が，結婚市場でも当てはまるとすれば，教育の高い人では配偶者候補の蓄積が多く，それを社会関係資本として活用するので，多数と交際するほど結婚チャンスが上昇すると予想できる．一方，教育の低い人では蓄積が少なく，そのため少数と恋愛関係になるほど結婚しやすいだろう．そこで，以下の2つの仮説を立てて検証していこう．

仮説1（低教育グループ）．教育の低い人の間では，配偶者候補の蓄積が少ないため，少数と交際する人ほど結婚しやすいだろう．

仮説2（高教育グループ）．教育の高い人の間では，配偶者候補の蓄積が多いため，多数と交際する人ほど結婚しやすいだろう．

2 ── 方　法

2.1 ── データ

データとして，結婚と子育て支援にかんする東京都民調査を用いる（調査の概要は**表5.1**）．標本はランダム・サンプリングによって収集された1230人であり，そのうち1058人を分析対象とする．初婚に絞るため，離死別者を除いてある．

表 5.1 調査の概要

調査名	結婚と子育て支援にかんする東京都民調査
実施者	金井雅之
調査期間	2011 年 9-10 月
調査方法	郵送調査
母集団	2011 年 12 月 31 日時点で満 25-54 歳の東京都在住の個人（1957 年 1 月 1 日～1986 年 12 月 31 日生まれ）
計画標本	各区市から 50 人ずつ計 2,450 人
抽出方法	層化 2 段無作為抽出法
有効回収数	1,230 人（有効回収率 51.0%）
分析対象	離死別者を除き，分析する全変数に回答した 1,058 人．構成は男性 46.2%，平均年齢 39.4 歳，未婚 31.3%／既婚 68.7%，平均教育年数 14.2 年，経営者・役員 3.3%／常時雇用 46.9%／パート・アルバイト 15.9%／派遣・契約・嘱託 7.9%／自営・自由・家族従業・内職 6.9%／無職・無回答 19.1%，専門職 18.9%／管理職 7.1%／事務職 19.0%／販売職 13.2%／熟練職・半熟練・非熟練 13.7%／農林 0.1%／その他・非該当・無回答 28.0%，平均等価所得 422.2 万円

2.2 ── 従属変数

従属変数は，結婚できたかどうかを知りたいので，結婚経験者＝1，未婚者＝0 とし，結婚経験の有無を表すこととする．

2.3 ── 独立変数と分析方法

独立変数は，最初の結婚までの交際人数とする．以下のように質問した．

質問（交際人数）．あなたは，初めての結婚までに（未婚の場合はこれまでに）何人くらいと，恋人としてつきあったことがありますか．

0人	1人	2人	3人	4人	5人	6人	7人	8人	9人	10人以上

仮説で教育の低い人と教育の高い人を比較しているので，グループ変数として教育を用いる．ここでは教育の低い人を，中学卒と高校卒をあわせた「高卒以下」39.6% とする．教育の高い人は，それ以外の短大卒，大学卒，大学院卒

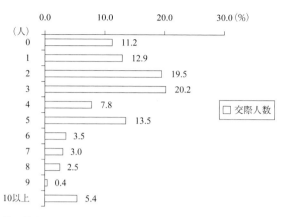

図 5.3　交際人数の分布
注）$N = 1,058$．交際人数は最初の結婚まで．

をあわせた「短大卒以上」60.4% とする（短大卒以上＝1，高卒以下＝0）．

統制変数には，性別（男性＝1，女性＝0 の男性ダミー）と，年齢を用いる．現在の職業，収入，家族構成は，結婚した時点よりあとのものである可能性があるので，独立変数とはできない．

従属変数が「結婚経験の有無」という 2 値なので，ロジスティック回帰分析を行なう．

3 ── 分析結果

3.1 ── 分　布

交際人数の分布は図 5.3 となった．平均は全体で 3.3 人，男性で 3.4 人，女性で 3.2 人だった．標準偏差は 2.5，2.7，2.4 だった．内閣府（2011）では全国を対象とし 2.6 人だったので，おおむね一致している．

以下の分析では，交際人数グループごとの人数をそろえるため，6 人以上をまとめる．さらに，曲線的な効果を調べるため，交際人数の二乗を独立変数とする．

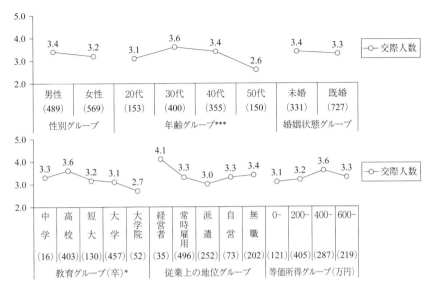

図 5.4　グループ別の交際人数の平均

注）$N = 1,058$（一部グループで欠損あり）．（　）内は人数．交際人数は最初の結婚まで．経営者は役員を，派遣は契約・嘱託・パート・アルバイトを，自営は自由業者・家族従業者・内職を，無職は無回答を含む．分散分析で $^†p<0.10$, $^*0.05$, $^{**}0.01$, $^{***}0.001$.

3.2 ── グループ別の交際人数

グループ別に交際人数を比較したところ，図 5.4 となった．若い人ほど，また教育が低い人ほど，交際人数が有意に多かった．ただし，性別グループ，従業上の地位グループ，等価所得グループ別に交際人数を比較したところ，分散分析で違いはなかった．

3.3 ── グループ別の結婚

教育グループ別に結婚経験者の比率を比較したところ，高卒以下のうち 67.1%，短大卒以上 69.8% が結婚を経験していた．短大卒以上のほうが比率が高いが，カイ二乗検定の結果，差は有意ではなかった．したがって，高卒以下でも短大卒以上でも，同じように結婚できていた．

では，交際人数は結婚経験とどうかかわるのか．そこでつぎに，交際人数グループ別に結婚経験者の比率を比較した．結果は図 5.5 となった．60% 前後か

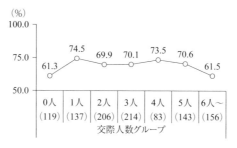

図 5.5 交際人数グループ別の結婚経験者の比率
注）（ ）内は人数．交際人数は最初の結婚まで．カイ二乗検定で †p<0.10, *0.05, **0.01, ***0.001.

らいったん 70% 前後に上昇し，そのあと 60% 前後に下降している．ただし，カイ二乗検定の結果，これらは有意な差ではなかった．したがって，何人と交際していても，結婚できる程度に違いはなかった．

このように，標本全体では交際人数は結婚経験と無関係だった．それでは，性別グループに分けるとどうなるだろうか．そこで，男女に分けて，交際人数別の結婚経験者比率を調べた．結果は **図 5.6** 上となった．男女ともに一度上昇してから，下降しているようにみえる．男性では差の傾向がみとめられたが，女性では有意な差はなかった．

教育グループ別ではどうだろうか．高卒以下と短大卒以上に分けて，交際人数別の結婚経験者比率を調べた結果が，**図 5.6** 下である．高卒以下はおおむね上昇しつづけ，短大卒以上は上昇してから下降する．ただし，カイ二乗検定の結果，高卒以下での差は有意ではなかった．短大卒以上では差は有意だった．

3.4 ── 教育別のロジスティック回帰分析結果（仮説 1，2 の検証）

それでは，性別と年齢の効果で統制したらどうなるだろうか．そこで，教育グループ別にロジスティック回帰分析を行なった．結果は **表 5.2** となった．表中の係数はオッズ比を表し，1 未満なら負の効果，1 より大きいなら正の効果を意味する．

属性の影響をみると，男女で結婚しやすさに違いはない．年齢は，上がるほど，高卒以下でも短大卒以上でも結婚のチャンスが有意に増えた（オッズ比 1.070, 1.136）．これらは自然な結果だろう．

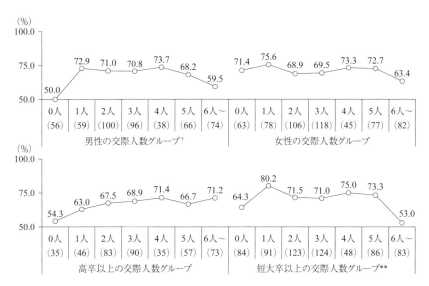

図 5.6 性別グループ（上），教育グループ別（下）で比較した，交際人数グループ別の結婚経験者の比率
注）（ ）内は人数．交際人数は最初の結婚まで．カイ二乗検定で †$p<0.10$，*0.05，**0.01，***0.001．

では，交際人数の影響はどうか．高卒以下では，交際人数が正の傾向をもった．したがって，多くの異性と交際するほど，結婚しやすかった．オッズ比をみると 1.425 なので，恋人が 1 人増えると，結婚のチャンスが 1.4 倍上昇した．

これにたいして，短大卒以上では交際人数の「二乗項」のオッズ比が 1 未満で有意なので，有意な負の効果をもった（オッズ比 0.933）．ということは，逆 U 字型で上に凸な二次曲線となっていることが分かる．そのため，結婚チャンスを最大化するような交際人数が存在するはずである．最大点を求めたところ，2.7 人と交際すると結婚のチャンスが最大となった．

なお，（表は省略するが）標本全体で分析したところ，短大卒以上は高卒以下より有意に結婚チャンスが高かった（1.9 倍，表は省略）．また，交際人数，その二乗項は，それぞれ教育と有意な交互作用をもっていた．したがって，交際人数の効果が，教育によってたしかに異なることが確認された．

表 5.2 結婚経験の有無を従属変数としたロジスティック回帰分析結果（教育別）

	高卒以下	短大卒以上
男性ダミー	0.700	0.894
年　齢	1.070 ***	1.136 ***
交際人数	1.425 †	1.451 *
交際人数の二乗	0.961	0.933 *
−2 対数尤度	501.6	658.8
N	419	639

注）値はオッズ比．†$p<0.10$，*0.05，**0.01，***0.001．

3.5 ── 教育別，男女別のロジスティック回帰分析結果

男女比較をした図 5.6 から，「もしかしたら男女でメカニズムが異なるかもしれない」という可能性が示唆される．そこで，教育別グループをさらに男女別に分けて同じ分析をした（表は省略，小林（2014a）に掲載）．

その結果，表 5.2 の「高卒以下では交際人数が増えるほど，短大卒以上では少数と交際するほど，結婚の可能性が上昇する」という傾向は，男性に顕著だった．女性では効果が有意でなくなり，男性には表 5.2 と同様の効果があった．

ただし，教育別で「性別と交際人数の交互作用」と「性別と交際人数の二乗の交互作用」を調べたが，有意な効果はなかった．したがって，教育ごとの男女の違いは，統計的には無視できる範囲であった．

3.6 ── 頑健性のチェック

結果の頑健性を確認するため，離死別者をいれて分析したが，結果は同じであった．交際人数の「三乗項」は有意な効果をもたなかった．以上の分析結果をまとめると，図 5.7 となる．

4 ── 考　察

4.1 ── 分析結果の要約

（1）分布から，人びとの初婚までの交際人数には 3 人と 5 人に山があった．

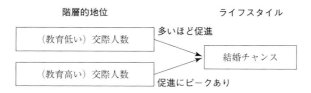

図 5.7　分析結果の要約
注）矢印は表 5.2 における有意な正の効果（促進効果）を表す．

（2）回帰分析から，結婚へとスムーズに移行できるのは，教育の低いグループでは多数の恋人と交際した人，教育の高いグループでは少数と交際した人であった．したがって，2 つの仮説はどちらも支持されなかった．むしろ，予想とは逆の効果をもっていた．

（3）ただし，男女別の分析から，男性でとくに効果が明確だった．

こうして，リサーチ・クエスチョンに以下のように回答できるだろう．

リサーチ・クエスチョンへの回答．恋愛から結婚への移行の仕方は，教育によって異なった．高卒以下では交際人数が増えると結婚チャンスが上昇しつづけるが，短大卒以上では交際人数が 2.7 人で結婚チャンスのピークとなった．したがって，恋愛から結婚への移行には，教育による偏りがあったので，「恋愛格差」があった．以上から，階層的地位（とくに教育）は恋愛と結婚を通して，人びとのライフスタイルを規定していた．

なぜ，男性でよりメカニズムが鮮明だったのだろうか．1 つの解釈として，結婚市場において恋愛にどのように投資するかが，教育グループによって異なるのかもしれない．そうだとすれば，教育の低い人ほど，資源を分散して投資し，より多くの配偶者候補を蓄積し，そこから満遍なく投資を回収することをめざすといえよう．一方，教育の高い人は，集中して投資し，より少ない蓄積からピンポイントに投資を回収しているのだろう（ベッカーによれば，出産人数を決定するとき，階層的地位の低い人ほど子どもへの投資を分散させ，階層的地位の高い人ほど集中させるという，Becker（1981））．

男性ほど初婚年齢が遅く，未婚率も高い．そのため，（女性と比べ）男性の内部の散らばりが大きく，その結果教育ごとの違いが現われやすかったのかもしれない．

4.2 ── 交際人数はネットワークの大きさを表すのか

労働市場では，階層的地位の高い人ほど大きなネットワークから，職業達成という利益をえることが知られている．一方，階層的地位の低い人ほど小さなネットワークを活用している．

では，今回の分析結果から，「結婚市場においては，階層的地位の高い人ほど小さいネットワークから，他方階層的地位の低い人ほど大きいネットワークから，結婚という利益をえている」といえるだろうか．仮説では，交際人数が多く配偶者候補を多数蓄積することを，「ネットワークが大きいこと」と等しいとみなした．しかし，もしかしたらこのことは自明ではないかもしれない．

恋人は，たしかにその人のネットワークの一部ではある．ただし，恋人は特別に親密な関係であるから，かならずしも交際人数とネットワークの大きさが比例しない可能性もあろう．

4.3 ── 恋愛を結婚にシフトさせるには

結婚市場における社会関係資本の役割は，教育によって異なることが分かった．したがって，もし行政や非営利団体（NPO）が結婚支援を行なうのなら，対象者の教育によって異なるメニューを用意する必要があるだろう．たとえば，ある人びとにはできるだけ多くの相手を紹介することを重視し，別の人びとにはマッチングのよさを重視するというようにできるかもしれない．

個人にできることは，なにがあるだろうか．筆者は勤務先の大学のゼミで，ときおり「恋愛ゼミ」を開催し，告白したりされたりする練習を実施している（図 5.8）．何事も練習しておけば，いざというときに余裕をもって臨めるだろう．

4.4 ── 今後の課題

(1) この章では社会関係資本としての恋愛関係を「交際人数」として量的に

図 5.8 告白の練習の様子

捉えた．さらに，「どのような人とどのように付きあったか」という質的な情報もあわせて考慮すれば，より豊かなストーリーを提示できるだろう．その結果，現代社会がいわば「恋愛格差社会」となっているのかどうか，検討できよう．

　(2) 今回の分析では結婚したかどうかを従属変数としたが，結婚の帰結は問わなかった．幸福な結婚となったかもしれないし，そうでなかったかもしれない．今後は，結婚した後まで含めて分析することが期待されるだろう．

6章
婚活における三高神話は健在なのか
―― 結婚格差の分析

第5章〜第6章で，人びとの家族形成における格差を扱う．この章では，階層グループによって，人びとの「結婚」のチャンスに偏りがないのかを分析する．結婚すると，我われのライフスタイルは大きく変わらざるをえない．

1 ── リサーチ・クエスチョン

1.1 ── 生涯未婚率の上昇

どうすれば，結婚できるのだろうか．国勢調査によれば，2010年に男性のうち19.4%，女性のうち9.8%が生涯結婚しなかった（図6.1）．日本社会は戦前まで，だれもが結婚する皆婚社会だったため，家族形成は容易だった．それが，戦後に結婚しない人が増えつづけ，生涯未婚率が男女ともに上昇し，未婚化が進行している．その結果，「結婚しない」というライフスタイルも1つのオプションとなり，結婚への選択が多様化してきた．

その背景の1つに，結婚相手との出会い方が見合いから恋愛へと変化したことがある．出生動向基本調査によれば，1960年代に見合い結婚を恋愛結婚が上回った．その結果，2015年では結婚のうち87.5%が恋愛結婚となり，恋愛結婚化が進んだ（5章図5.1，恋愛と結婚の関係の変化については谷本（2008）参照）．

一方，人口動態統計によれば，合計特殊出生率（女性1人の平均出産数）は1930年に4.7だった．それが低下しつづけ，2010年に1.4となり，少子化が進んでいる．

このように，結婚相手との出会いが恋愛結婚化するなかでも，男性のうち8

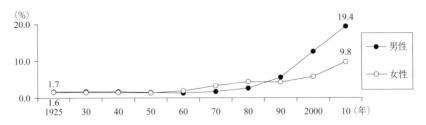

図 6.1 男女別生涯未婚率の推移
注）出典：国勢調査.

割，女性のうち9割が結婚できている．それでは，結婚できる人とそうでない人では，なにが異なるのだろうか．違いは，努力によって克服できるものなのだろうか，それともそうではないのだろうか．かつて1980-90年代のバブル時代には，身長，教育，収入の3つが高い男性がモテるし結婚しやすいといわれていた．このいわゆる「三高神話」という条件は，現在でも続いているのだろうか．

人びとのライフコースが多様化するなか，現代日本では結婚は個人が自由に選択するものとなった．たしかに，結婚はしてもしなくてもよいかもしれない．ただ，もし「結婚したいのにできない人」がいたら，どのような支援が効果的なのかが求められるだろう．ちょうど，「教育を受けたいが受けられない人」や，「仕事をしたいができない人」がいたとき，支援策が求められるのと同様である．

1.2 ── 先行研究

山田・白河（2008）は，恋愛結婚化にともない，現代社会では結婚のための特別な活動，つまり「婚活」が必要となったと指摘した．婚活とは，「結婚活動」の略であり，よりよい結婚を目指して，見合い，合コン，自分磨きなどを行なうことと定義される（山田・白河（2008: 3））．では，なにが婚活を成功させ結婚に到達させる条件となっているのだろうか．

山田・白河によれば，その条件は男女で異なり，男性では「経済力」と「コミュニケーション能力」が魅力になるという（山田・白河（2008: 104））．しかし，女性ではとくにそうした明確な条件はなく，運の要素がおおきい．その

ため，女性は出会いの機会を増やすことが大切だという（山田・白河（2008: 108-9））．

他に，見合いについては小倉（2003），合コンについて北村・阿部（2007），国際結婚について開内（2015）といった事例分析がある．一般書では，男性むけに男の婚活研究会（2014）が，女性むけに水野（2014）などがある．

山田・白河（2008）を含むこうした事例分析は，人びとがどのように婚活をしているのかの「多様性」を明らかにする．たしかに指摘されるようなケースもあるだろうが，そうでないケースもありうるはずだ．そのため，事例分析では婚活の全体像を描くことができない．

これにたいし，量的分析であれば，婚活を成功させたり阻害したりする条件を全体の中で推測できる．しかし，そのような分析はこれまで実施されたことがなかった．内閣府（2011）は恋愛から結婚への移行を量的に分析するが，婚活に的を絞ってはいない．

1.3 ── リサーチ・クエスチョン

そこで，この章では以下のリサーチ・クエスチョンに，量的データを計量的に分析することでアタックする．

リサーチ・クエスチョン（結婚格差）．教育，職業，収入における階層的地位や身長によって，人びとが結婚するときに格差はあるのか．

もしこの問題が解明できないと，ともすれば結婚するために努力をしても徒労に終わったり，かえって逆効果となったりするかもしれない．もし解明できれば，結婚したい人を効果的に支援できるかもしれない．

1.4 ── 仮 説

では，婚活から結婚への移行について，どのような仮説を立てられるだろうか．まず，男性と女性で，結婚に求められるものが異なると指摘されてきた（山田・白河（2008））．とくに教育・職業・収入といった階層的地位については，男性には求められるが，女性には求められないかもしれない（図 6.2）．

図 6.2 仮説
注）矢印は因果関係を表す.

仮説 1（階層的地位の効果の男女差）．男性では，教育，職業，収入における階層的地位が高いほど，婚活において結婚を促進するだろう．女性では，階層的地位による違いがないだろう．

つぎに，結婚経験はどのような効果をもつだろうか．Becker（1964）や小林・ホメリヒ・見田（2015）のように人的資本論を用いるなら，一度以上結婚すれば，収入をえる，家事をこなす，親密なコミュニケーションをとるといった能力が身につき，結婚生活を送るための人的資本を蓄積できるだろう．その結果，他者が結婚経験者をみるとき，「そうした能力をもっているだろう」と期待するかもしれない．

仮説 2（結婚経験の効果）．結婚経験があることは，男女ともに，婚活において結婚を促進するだろう．

2 ── 方　法

2.1 ── データ

データとして，えひめ結婚支援センターにおける結婚支援活動を事例とする（**表 6.1**）．このセンターは，愛媛県内における結婚支援を県から委託され，2008 年 11 月に設立された．県の事業として，結婚支援を実施している．データは 2016 年 2 月 1 日現在までとする．

主な事業は 2 つあり，第 1 がパーティの開催である．2008 年 11 月にスタートした．登録は不要で，これまで累計で 1600 回，のべ 5 万人ほどが参加した．現在は，おおむね月に約 20 回，600 人ほどが参加している．

表 6.1 調査の概要

調査名	えひめ結婚支援センターにおける結婚支援活動
実施者	えひめ結婚支援センター
調査期間	2008 年 11 月～ 2016 年 2 月
調査方法	登録者の行動履歴
母集団	日本国内の 20 歳以上の独身個人
計画標本	(非該当)
抽出方法	お見合い事業への登録者全員
有効回収数	4,780 人
分析対象	属性情報のある 4,779 人．構成は男性 46.8%，平均年齢 39.0 歳，平均身長 163.6 センチ，結婚経験あり 16.7%，平均子ども数 0.2 人，平均教育年数 14.1 年，経営者・役員 2.2%／正社員 67.7%／派遣社員 2.7%／契約社員 10.6%／アルバイト・パート 6.7%／自営業 6.5%／無職 3.6%，平均個人年収 377.7 万円

注）自営業には，農業・漁業が含まれる．

　第 2 が，登録者を対象として，1 対 1 の見合いを斡旋することである．2011 年 10 月 1 日に開始され，これまで累計で 4700 人ほどが登録し，5000 回ほど見合いが実施された．現在の会員は 2000 人ほどである．2 つの活動をあわせて，これまで 500 組ほどが成婚した．

　このうち，第 1 のパーティ事業では，参加者の属性情報を把握できない．そこで，第 2 の登録制の見合い事業を，この章のデータとする．標本はこれまでのすべての登録者である 4780 人で，そのうち属性情報のない 1 名を除いた 4779 人を分析対象とする．うち男性は 2238 人（46.8%），女性は 2541 人（53.2%）いる．データには，登録日，現在の会員ステータス（会員かどうか，退会した場合は日付けと理由），（年齢，身長，居住地域などの）属性，（教育，職業，収入などの）階層的地位，見合いの活動記録（申し込み回数，申し込まれ回数），相手に求める条件などがある．

2.2 ── 見合い事業のステップ

(1) 登　録

　見合い事業に参加するには，登録する必要がある．20 歳以上の独身者で，愛媛県在住者でもそうでなくてもよい．「独身証明書」「写真付き身分証」「健

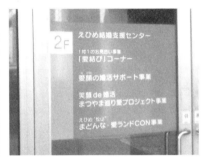

図 6.3　見合い事業における自分のプロフィール画面（上左），相手のプロフィール画面（上右），見合いの様子（下左，イメージ），センター入り口（下右）
注）画面はどちらもデモ．見合いの様子の背景は実際の見合いに使用された場所であり，左手前は実際の仲人役ボランティア．

康保険証（勤務先の確認のため）」「プロフィール閲覧用写真」を提出し，登録料1万円を支払う．

(2) 申し込み，申し込まれ

　見合いの申込みは，すべてセンターにあるタブレット端末を介して，コンピュータ上で行なわれる．登録したら，自分のプロフィール画面が作成される（図 6.3 上左）．そのあと，相手候補のプロフィール（図 6.3 上右）を閲覧し，見合いを申し込んだり（同時に3人まで），自分が申し込まれたりする．

(3) 見合い

　相手が承諾するか，自分への申込みを承諾したら，仲人役ボランティアを含

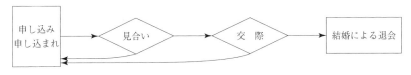

図 6.4　見合い事業のステップ

め3人で見合いが実施される（図 6.3 下左）．

(4) 交際，結婚による退会

お互いに交際意思が確認されたら交際スタートし，その後結婚が決定すれば退会する．すべてのステップで，先に進まない場合は申し込みに戻る（図 6.4）．また，希望すればいつでも退会できる．

2.3 — 分析方法

この章では，どのような人が婚活から結婚への移行をスムーズに行ない，どのような人が行なえないのかに関心がある．ただし，かりに現時点で結婚していなくても，1年後や10年後に結婚するかもしれない．

こうした場合を分析に含めるには，イベント・ヒストリー分析（生存分析，コックス比例ハザード回帰分析）が適している．現時点の未婚者は「打ち切られた」ため，結婚の可能性のあるものとして扱うことができる．分析は，仮説にしたがい男女別に行なう．

2.4 — 従属変数

従属変数は，結婚による退会のハザード率とする．つまり，結婚して退会したかどうかという「結婚による退会ダミー」（結婚による退会＝1，それ以外＝0）と，それまでにどれだけの日数で登録していたかという「登録日数」（退会した人は登録日から退会日までの日数，退会していない人は登録日から現在まで，ここでは 2016 年 2 月 1 日までの日数）となる（記述統計は**表 6.2**，分布は図 **6.5**）．

退会の理由のうち，「見合い事業で結婚が決まった」「それ以外で結婚が決ま

表 6.2 変数の記述統計

		N	最小	最大	平均・比率	標準偏差
男性	結婚で退会ダミー	2,238	0	1	14.8%	0.4
	登録日数（～日）	2,238	3	1584	868.3	415.6
	年齢（～歳）	2,238	22	75	41.4	7.7
	身長（～センチ）	2,238	145	190	169.9	5.9
	教育年数（～年）	2,238	9	16	13.9	2.0
	結婚経験ダミー	2,238	0	1	19.9%	0.4
	子ども（～人）	2,238	0	4	21.7%	0.6
	個人年収（～万円）	1,910	20	2100	432.4	167.1
女性	結婚で退会ダミー	2,541	0	1	18.4%	0.4
	登録日数（～日）	2,541	0	1584	780.2	417.3
	年齢（～歳）	2,541	22	70	37.0	6.7
	身長（～センチ）	2,541	140	178	158.0	5.4
	教育年数（～年）	2,541	9	16	14.2	1.8
	結婚経験ダミー	2,541	0	1	13.9%	0.3
	子ども（～人）	2,541	0	4	13.8%	0.5
	個人年収（～万円）	915	0	800	263.4	100.9

注）教育年数は中学卒＝9，高校卒＝12，短大卒＝14，大学卒＝16，大学院卒＝18．すべての変数において，0.1% 水準で男女のあいだに差があった（従業上の地位と職業はカイ二乗検定，それ以外は分散分析による）．

った」「パーティ事業で恋人ができた」「それ以外で恋人ができた」をまとめて「結婚による退会」とよび，「結婚による退会ダミー」とした（1＝該当，0＝非該当，以下すべてのダミー変数で同じ）．このように，交際中であっても，登録料を放棄してまで退会するのは，結婚が間近であるからと判断した．結婚による退会者は，男性のうち 14.8%，女性のうち 18.4% いた．

登録は 2011 年 10 月 1 日に開始されたので，登録日数の最大値は 2016 年 2 月 1 日まで会員である場合の 1584 日となる．最小値は登録したのと同じ日に退会した場合の 0 日である．男性の平均 868.3 日（うち結婚による退会者の平均 696.0 日），女性の平均 780.2 日（うち結婚による退会者 596.4 日）だった．図 6.5 右で 1000-1199 日が突出して多いのは，事業開始から 3 年目（1095 日）で更新が必要となったとき，更新せず退会した人が多かったためである．

では，登録日数によって，結婚による退会者はどう変化するのだろうか．（分布は省略したが）男女ともに，400-599 日と 1200-1399 日の 2 つでピーク

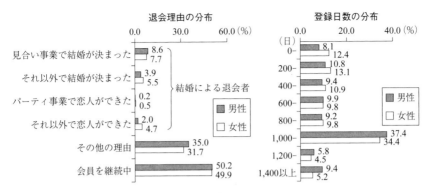

図 6.5 退会理由（左）と登録日数（右）の分布

注）男性 $N = 2,238$，女性 $N = 2,541$．退会理由のうち，分析では「見合い事業で結婚が決まった」「それ以外で結婚が決まった」「パーティ事業で恋人ができた」「それ以外で恋人ができた」を「結婚で退会ダミー」とした．登録日数は，退会した場合登録日から退会日まで，退会していない場合は登録日から 2016 年 2 月 1 日現在まで．

となっていた．したがって，登録して 1 年または 3 年を過ぎたころに，成婚することが多いことが分かる．なお，出生動向基本調査によれば，2010 年で交際開始から結婚まで平均 4.3 年（約 1571 日）であった．

2.5 ── 独立変数，統制変数

登録時に，年齢，身長，教育，従業上の地位，職業，結婚経験があるかどうか，何人子どもをもっているかの記入が必須とされている．そこで，年齢（〜歳），身長（〜センチ），教育（〜年），子ども（〜人）を量的変数として用いる．従業上の地位（雇用形態）のうち，「経営者・役員」「正社員」をまとめて「正規雇用ダミー」とする．職業のうち，「企業経営」「専門家（士業）」「会社員」「公務員」「団体職員」をまとめて「雇用者ダミー」とする．再婚以上の場合を「結婚経験ダミー」とする．

他に個人収入が分かるが，必須ではないため欠損がある（男性のうち 14.7%，女性のうち 64.0% が欠損）．そのため，個人収入を含んだ場合と含まない場合の両方で分析する．

これらのうち，仮説に基づき，年齢，身長，子ども数を統制変数として，それ以外を独立変数として用いる．

表 6.2 によると，年齢と身長と個人収入は男性のほうが，教育は女性のほう

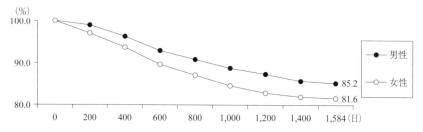

図 6.6 「結婚による退会者」以外の比率の時系列変化（カプラン・マイヤー・プロット）
注）男性 $N = 2,238$, 女性 $N = 2,541$. 分析は男女別に行なうので，グラフは男女の比例ハザード性を確認するためのものではない．1,584日は，登録可能な最大の日数．

が高かった．再婚以上の人は男性に，子どもの数は女性で多かった．（表からは省略したが）男女ともに，従業上の地位では正社員が，職業では会社員がもっとも多かった．

3 ── 分析結果

3.1 ── カプラン・マイヤー・プロット

まず，登録日数が経つにしたがい，結婚による退会者の累積が増えた結果，残った人がどのように変化するのかを調べた．結果は**図 6.6** となった．

ここから，男女で減り方に大きな違いはないが，女性のほうがスピードが速いことが分かる．なお，結婚による退会者は，記述統計の**表 6.2** より男性14.8%，女性18.4%だった．そのため，最終日1584日には，その残りである男性85.2%，女性81.6%となっている．

3.2 ── グループ別の比較

つぎに，グループごとに結婚による退会者率を比較する（**図 6.7**）．

ここから，（変数の影響を相互にコントロールしないなら）全体に男性ほどグループによる差が大きいことが分かる．男性のあいだでは，若い人ほど，身長が高い人ほど，教育が高い人ほど，正規雇用で働く人ほど，雇用されて働く人ほど，収入が多い人ほど，結婚しやすかった．ただし，教育が低くても，正規雇用でなくても，収入が低くても，結婚している人がいることも確かである．

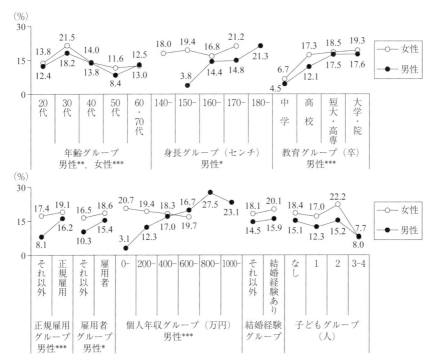

図 6.7 グループ別の結婚による退会者の比率

注) 男性 $N = 2{,}238$, 女性 $N = 2{,}541$. 各グループの人数は小林・能智 (2016) 参照. マーカーなしは $N = 0$. 身長 140-149 センチに男性が 1 名のみ, 個人収入 800-999 万円に女性が 1 名のみだったので, 前後のグループに含めた. 分散分析で † $p<0.10$, * 0.05, ** 0.01, *** 0.001.

一方,女性のあいだでは,若い人ほど結婚できたが,それ以外では平等に結婚のチャンスがあるようである.

3.3 —— イベント・ヒストリー分析（仮説 1, 2 の検証）

それでは,変数の影響を相互にコントロールしたとき,なにが結婚を促進し,なにが阻害するのだろうか.イベント・ヒストリー分析を行なった結果,**表 6.3** をえた.独立変数について,比例ハザード性が満たされていることを確認した.

男性では,ほとんどの独立変数が効果をもった（雇用者であることと子ども数以外すべて）.**表 6.3** より,若い人ほど,背が高い人ほど,教育が高い人ほど,

表 6.3 結婚による退会のハザード率を従属変数としたイベント・ヒストリー分析結果

		標本	
		男性	女性
属 性	年齢（10 歳）	−0.469 ***	−0.598 ***
	身長（10 センチ）	0.221 *	−0.015
階層的地位	教育（4 年）	0.322 **	0.046
	正規雇用ダミー	0.546 †	−0.215
	雇用者ダミー	−0.211	0.234
	個人年収（100 万円）	0.119 ***	−0.011
家 族	結婚経験ダミー	0.572 **	0.722 **
	子ども（1 人）	−0.097	−0.064
−2 対数尤度		4026.3	2202.5
N		1,903	914

注）値は回帰係数，（ ）内は単位．係数を直感的に理解しやすいよう，単位を（1 歳から 10 歳へなどと）拡大した．個人年収の回答者が少ないため N が減っている．教育年数は中学卒＝ 9，高校卒＝ 12，短大卒＝ 14，大学卒＝ 16，大学院卒＝ 18． †$p<0.10$，*0.05，**0.01，***0.001．

正規雇用で働く人ほど，収入が多い人ほど，結婚を経験した人ほど，有意に結婚できた（係数−0.469，0.221，0.322，0.546，0.119，0.572）．

一方，女性では対照的に，独立変数の効果が限定的だった．若い人ほど，また結婚を経験した人ほど，結婚しやすかった（係数−0.598，0.722）．なお，個人年収の回答者が少ないためサンプル・サイズが減っているので，個人年収を除いて分析しても同じ結果を得た．

3.4 ── 結婚のチャンスの違い

この結果を，ハザード比（ロジスティック回帰分析などのオッズ比に対応する）で確認しよう（図 6.8 は表 6.3 におけるハザード比）．ハザード比は，結婚のチャンスがどれだけ上がるかを表す．1 より大きいなら結婚の促進要因，1 未満なら阻害要因，1 なら効果がない．

たとえば，図 6.8 より年齢 10 歳のハザード比が男性で 0.63 なので，10 歳年をとると結婚チャンスが 0.63 倍へと減少する．身長 10 センチのハザード比は男性で 1.25 なので，身長が 10 センチ高い男性は，そうでない男性より，結婚できるチャンスが 1.25 倍増える．女性では，身長による統計的な差がなかった．

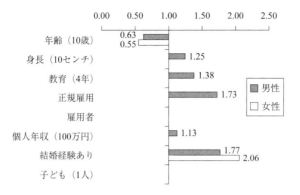

図 6.8 イベント・ヒストリー分析のハザード比

注）値は**表 6.3** におけるハザード比．従属変数は結婚による退会のハザード率．有意な効果のみ表示．独立変数が x 倍になれば，ハザード比は x 乗となる．たとえば，教育が 2 年増えると，（教育が 4 年単位のため）ハザード比は 1.38 の 1/2 乗＝ 1.17 となる．したがって，結婚チャンスが 1.17 倍上昇する．

　この図から，男性には（身長，教育，正規雇用，収入，結婚経験という）促進要因が多く，阻害要因は（年齢だけと）少ないことが分かる．女性は，促進要因も阻害要因も少ない．

　なお，促進要因は（身長が 10 センチ低い，非正規雇用であるなど）独立変数が逆方向となると，そのぶん阻害要因となる．たとえば，非正規雇用者は，正規雇用者と比べて，結婚チャンスが（1 ÷ 1.73 で）0.58 倍へと減り，阻害要因となる．

3.5 ── 頑健性のチェック

　独立変数に有職かどうかを追加したり，自営業かどうかを追加したりしても，同じ結果をえた．分析対象を標本のうち 40 代以下としても，同じ結果となった．

　従属変数を「結婚による退会ダミー」としてロジスティック回帰分析を行なったが，同様の結果となった．従属変数を「見合いを何回申し込またか」として回帰分析を行なったら，結婚経験の効果が逆転したが，それ以外の効果は同じだった．以上の分析結果をまとめると，**図 6.9** となる．

図 6.9 分析結果の要約

注）矢印は**表 6.3** における有意な正の効果（促進効果）を表す．年齢のみ若いほど，それ以外は多い（またはないよりある）ほど結婚を促進する．

4 —— 考　察

4.1 —— 分析結果の要約

(1) 分布から，退会者のうち結婚を理由とする人は，2 割弱だった．

(2) イベント・ヒストリー分析から，男性が婚活を成功させるには，身長や階層的地位といった条件が高いほど，結婚チャンスが高まった．身長，教育，収入が高いといういわゆる「三高」が，現在でも促進要因となっていた．このように，男性では階層的地位を中心としたスペックがとくに役立っていた．

(3) では，女性はどうか．イベント・ヒストリー分析から，身長や階層的地位といったスペックは，男性と異なり効果をもたなかった．規定要因となったのは，年齢（若いほど）と結婚経験のみだった．このように，女性ではスペックは促進も阻害もしなかった．

したがって，2 つの仮説は支持された．ただし，階層的地位のうち雇用されているかどうかは，男女ともに効果をもたなかった．なお，仮説になかった要因として，男女ともに年齢が若い人ほど，結婚チャンスが高まった．子どもがいるかどうかは，男女ともにプラスにもマイナスにもならなかった．

以上から，リサーチ・クエスチョンにつぎのように回答できる．

リサーチ・クエスチョンへの回答．婚活において，男性では教育，職業（正規雇用），収入（個人収入），結婚経験が結婚の促進要因に，年齢が阻害要因にな

っていた．他に身長が促進要因だった．女性では，結婚経験が促進要因に，年齢が阻害要因になっていた．このように，「三高神話」は男性について健在だった．したがって，結婚チャンスには，男性で教育，職業，収入による偏りがあったので，「結婚格差」があったが，女性ではなかった．以上から，階層的地位（教育，職業，収入）は結婚を通して，男性のライフスタイルを規定していた．

つまり，男性では階層的地位を中心としたスペックが，女性では年齢が，結婚のおもな規定要因となっていた．このように，男性における三高神話は今も健在であった．この事業で結婚相手をみつけて退会した40代女性にインタビューしたところ，「結婚後の生活を考えるので，仕事や収入が安定していることはどうしても考慮せざるをえない」とのことだった．

4.2 ── 理念型

男性では10歳若く，身長が10センチ高く，教育が（高卒から大学卒のように）4年長く，正規雇用で，収入が100万円多く，結婚経験があると，そうでない人と比べて，結婚チャンスが（1÷0.63）×1.25×1.38×1.73×1.13×1.77＝9.5倍高まる．女性では，10歳若く，結婚経験があるなら，そうでない人と比べて，結婚チャンスが（1÷0.55）×2.06＝3.7倍高まる．

4.3 ── 婚活を成功させるには

それでは，人びとの働き方は結婚チャンスにどう影響するのだろうか．今回の結果から，雇用されているかどうかは，男女ともに無関係だった．正規雇用であると，男性の場合結婚チャンスが（図6.8のハザード比より）1.73倍上昇した．女性では変化なかった．

そうすると，自営業者や非正規雇用労働者は結婚が難しいのだろうか．そうではない．（省略したが）そうした働き方をしていても，チャンスは正規雇用の半分ほどになるとはいえ，結婚していた．

今回の結果から，たとえ正規雇用でなかったとしても，他の要因でカバーできることが分かる．たとえば，（図6.8のハザード比より）教育が4年長く，

収入が100万円多くなれば，1.38 × 1.13 ÷ 1.73 = 0.90 なので，正規雇用でないことをほぼ相殺できる．また，婚活を10歳はやくスタートさせれば，(1 ÷ 0.63) ÷ 1.73 = 0.92 と，さらに1に近づくので効果的にカバーできる．

年齢は，通常なら自分でコントロールできない．しかし，婚活においては，婚活のスタート年齢となるので，コントロール可能となる．そのうえ，教育や従業上の地位（雇用形態）や収入や結婚経験と比べると，はるかにコントロールしやすい．

したがって，もし結婚することを望むのであれば，婚活を1年でもはやくスタートすることが役立つと，今回の分析結果から示唆される．表 6.2 より，婚活スタート年齢の平均が男性41.4歳，女性37.0だった．もし10年はやくそれぞれ30代，20代でスタートできれば，結婚にいたる可能性は（男性1.59倍，女性1.82倍と）おおきくアップする．

これまで，婚活は相手が見つからない時の最終手段と捉えられてきた．しかし，むしろ発想を転換し，結婚を意識している人もしていない人も，早期に開始するべきものと考えなおしてもよいのかもしれない．

4.4 ── 結婚支援は恋愛支援

さらに，小林・大﨑（2016）によれば，初婚前の恋人人数，デート人数，キス人数，性関係人数が0人から1人になると，どれにおいても結婚チャンスが倍前後へと上昇した（カイ二乗検定で有意）．したがって，恋愛経験は結婚を促進する（日本社会における恋愛については松井（1993），山口（2013），性行動については日本性教育協会編（2013），NHK「日本人の性」プロジェクト編（2002）参照）．

そのため，結婚支援は恋愛支援でもある．まず「恋愛の壁」，そのうえで「結婚の壁」を乗りこえる支援が求められるのかもしれない（恋愛の壁という概念は小林（2012b），結婚の壁は佐藤ほか編（2010）参照）．

4.5 ── 今後の課題

（1）データの制約から，容姿（ルックス）の役割を分析できなかった．しかし，第1章で分析したとおり，容姿は結婚を男女ともに促進する．えひめ結婚

支援センターの仲介役ボランティアをしている50代女性にこの章の結果を紹介したところ,「女性では容姿の役割は無視できない,ただルックスのもっともよい人から結婚するかというとそうでもないと感じる」とのことだった.

(2) この章は,えひめ結婚支援センターを事例として分析した.そこで,今後は他の地域でも同じような規定構造をもつのかどうか,それはなぜかを解明する必要があろう.

7章
学歴かコネか
―― 就職活動格差の分析

　第7章～第8章で，人びとのキャリア形成における格差を扱う．キャリア形成はライフスタイルの一部であると同時に，それ自体が職業や収入といった階層的地位を構成する．この章では，人びとの「就職活動」の仕方によって，階層的地位（とくに職業）に偏りがないのかを分析する．どのような仕事に就くかは，その後のライフスタイルに経済的基盤を提供する．

1 ── リサーチ・クエスチョン

1.1 ── 多様な求職方法

　どうすれば，よい会社に就職できるのだろうか．雇用動向調査によれば，学校卒業後に最初に就職した者132万1000人のうち，求職方法として広告を見て応募した人がもっとも多い．つづいて，学校紹介，職安・ハローワーク，縁故となっている（2014年，図7.1）．縁故が9.3%なので，最初の就職（初職）では約1割の人が，親族や友人などを頼って就職したことになる．このように，人びとは多様な求職方法により就職活動を行なっている．
　これだけ縁故（いわゆるコネ，ネットワーク）で職を得た人がいるということは，広告などの他の方法より利点があるからだろうか．それとも，他の方法を使えなかったり，失敗したため，しかたなく縁故を利用したのだろうか．

1.2 ── リサーチ・クエスチョン

　一般に，教育（学歴）が高いほど，収入や格が高い仕事に就けることが分かっている（Becker（1964）など）．ただし，日本では転職経験者は全労働者の

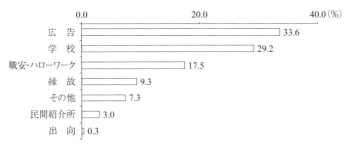

図 7.1　初職における求職方法の比率（2014 年，雇用動向調査）

うち半分ほどと高くない（2012 年で 54.9%，就業構造基本調査より）．そこで，この章では初職を分析することにする．

リサーチ・クエスチョン（就職活動格差）．教育，職業，収入における階層的地位によって，就職活動の仕方に格差はあるのか．あるとしたら，その結果教育（学歴）と縁故（コネ）のどちらがより役立つのか．

　学歴と縁故は，どちらが就職や転職に有利に働くのだろうか．さらに，どのように関連しているのか．高校や大学に進むよりも，友人や親族と仲良くするほうが就職に役立つのだろうか．かりに進学しても，勉学に励むほうがよいのか，それとも多くの人とのコネづくりに精を出すほうがよいのだろうか．
　この問題を調べることで，縁故がどういう場合に役に立ち，どういう場合に役に立たないのかを，明らかにできるだろう．しかし，もしこの問題を解明できないと，ともすれば人びとはいたずらに縁故に頼ることになり，結果として望みどおりの仕事につくことが困難となるかもしれない．
　これまで社会学や経済学では，教育の役割は人的資本として，縁故の役割は社会関係資本（ソーシャル・キャピタル）として概念化されてきた．また，職業を通して地位や役割や収入を得ることを「職業達成」という．したがって，このリサーチ・クエスチョンは「就職活動において，人的資本と社会関係資本のどちらがより初職の職業達成を促進するのか」という問いへと，言いかえることができる．

1.3 ── 縁故の効果：グラノヴェターの分析

　労働市場における縁故の効果に，最初に着目したのは，グラノヴェターであった．彼は，アメリカのホワイトカラー労働者を調べて，縁故（ネットワーク）が転職時に役立つことを示した（Granovetter（1974））．彼によれば，広告や公的な紹介所を使うより，個人的な縁故を使った人のほうが多かった．しかも，そうした人は，収入面でも満足度でも，そうでない人より高かった．また，縁故者（コンタクト）が，頻繁に会う「強い紐帯」であるよりも，ときどき会うていどの「弱い紐帯」であることが多かった．ただし，渡辺（1991）によれば，日本ではむしろ，強い紐帯のほうが転職で役立つという．

　こうした縁故の効用は，Coleman（1988）を嚆矢として，社会関係資本として概念化されてきた．社会関係資本は，社会的ネットワーク分析の中で，理論的にも実証的にも検討されてきた（たとえば，個人レベルでは Lin（1990），地域レベルでは Putnam et al.（1992）．日本での実証研究には，内閣府国民生活局編（2002）がある）．

定義 1（社会関係資本）． 人びとの間のネットワークに時間や労力を投資して，ネットワークを活用することで別のものを回収するとき，そうしたネットワークを「社会関係資本」という．

1.4 ── 教育と縁故の比較：佐藤嘉倫の分析

　とはいえ，縁故の効果は，教育よりも大きいのだろうか．これまで，就業に教育が役立つことも，一貫して報告されてきた．こうした教育の効用は，人的資本（ヒューマン・キャピタル）として概念化されている（Becker（1964））．つまり，教育が高い人ほど，そうでない人と比べて収入や地位が高くなる．人的資本は，合理的選択理論の中で彫琢されてきた．この章では，以下のように定義する．

定義 2（人的資本）． 個人の能力に時間や労力を投資して，それを活用することで別のものを回収するとき，そうした能力を「人的資本」という．

では，職業達成において，縁故の効果は教育の効果よりも大きいのだろうか．これまで，教育と縁故の効果は，べつべつに検証されてきたため，直接比較したものは少ない．その中で佐藤（1998b）は，職業威信スコアを従属変数として，教育と，縁故を含む求職方法（入職経路ともいう）の効果を調べた．初職と転職について，検討している．

　職業威信スコアとは，医師やタクシー運転手といったさまざまな職業を，人びとがどれくらい高いと考えているかによって数値化したものである（第2章参照）．代表的な56の職業について5段階で質問して，0点から100点を割りふる．対象者の回答の平均を，その職業の威信スコアとすると，36.7から90.1の値をとる（職業威信スコアについて詳しくは都筑編（1998））．2005年SSM日本調査では，職業を207種類に分類しており，各職業が56職業の威信スコアを組み合わせることで，個別の威信スコアをもつ．

　分析の結果，教育はほぼ一貫して，威信を上げた．つまり，教育が高いほど，よいと考えられている職業に就いていた．しかし，縁故の効果はないか，むしろ初職では負の効果をもって威信を下げた．つまり，友人や親族を頼って職を得ると，そうでない人と比べて，よくないと思われている仕事に就いていた．

1.5 ── 仮　説

　ただし，佐藤は教育と求職方法が，「独立に」職業威信スコアに影響すると仮定している．つまり，どのような教育であっても，縁故や他の求職方法が同じように人びとに影響するとしている．

　しかし，むしろ教育と求職方法は，たがいに関連していると考えるほうが自然であろう（小林（2006））．たとえば，高校生と比べて，大学生のほうが，知り合いの数も範囲も拡大するだろう．また，（縁故ではないが）学校から職場を紹介してもらうなら，そもそもその学校に入るという教育が必要となる．そこで，教育ごとに（縁故や学校紹介を含む）求職方法の役割を調べる．

　なお，コールマンは社会関係資本を最初に概念化した1人である（Coleman（1988））．そのときに，友人が多いほど，中退しにくいと考えた．つまり，社会関係資本から人的資本への効果を想定していた．この章では逆に，教育という人的資本から，縁故という社会関係資本への効果を検討していく．

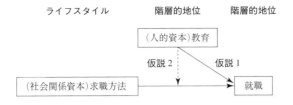

図 7.2 仮説
注）矢印は因果関係を表し，矢印の交差は交互作用を表す（破線は負の効果，阻害効果）．

ここで，こうした先行研究の課題を踏まえて，仮説を立てる（図 7.2）．まず，教育（学歴）と縁故（コネ）で，どちらが就職活動に大きく影響するだろうか．先行研究によれば，教育の効果は一貫して確認されているが，縁故の効果は限定的である．

仮説 1（教育と縁故の効果）．縁故と比べて教育のほうが，就職活動に役立つだろう．

つぎに，教育が異なると，縁故の役割はどうなるだろうか．教育が高いほど，労働市場で教育が役立つと考えられる．そうであれば，縁故に頼る必要は少なくなるだろう．そこで，以下のように教育と縁故で交互作用があると想定できる．

仮説 2（教育別の縁故の効果）．教育が低い人と比べて高い人ほど，縁故が就職活動に役立たないだろう．

2 ── 方　法

2.1 ── データ

データとして，2005 年 SSM 日本調査（2005 年社会階層と社会移動日本調査）を用いる（調査の概要は表 7.1）．標本はランダム・サンプリングによって収集された 5743 人であり，そのうち 5260 人を分析対象とする．この調査は，職業についての情報を詳しく質問しているので，職業達成について検討するの

表 7.1　調査の概要

調査名	2005 年 SSM 日本調査（2005 年社会階層と社会移動日本調査）
実施者	佐藤嘉倫
調査期間	2005 年 11 月～2006 年 4 月
調査方法	面接調査と留置調査の併用
母集団	2005 年 9 月 30 日時点で満 20-69 歳の全国個人（1935 年 10 月 1 日～1985 年 9 月 30 日生まれ）
計画標本	14,140 人
抽出方法	層化 2 段無作為抽出法
有効回収数	5,743 人（有効回収率 44.1%）
分析対象	分析する全変数に回答し，求職方法が 1 カテゴリーに特定できた 5,260 人．構成は男性 46.0%，平均年齢 48.9 歳，未婚 14.9%／既婚 76.6%／離死別 8.3%／その他 0.2%，平均教育年数 12.4 年，平均入職年 1975.4 年，経営者・役員 0.4%／常時雇用 80.6%／臨時雇用・パート・アルバイト 9.6%／派遣 0.5%／契約・嘱託 0.8%／自営・自由 1.8%／家族従業者 5.9%／内職 0.2%／その他 0.2%，専門職 10.9%／管理職 3.9%／事務職 15.6%／販売職 10.2%／熟練職 12.3%／半熟練職 10.0%／非熟練職 6.0%／農林職 4.3%／無職 26.0%／不明 0.8%，平均世帯年収 619.2 万円

に適しているであろう．

　分析対象は，すべての変数をもち，求職方法が 1 カテゴリーに特定できた 5260 人とする．求職方法はもともと複数回答で質問され，それを 4 つのカテゴリーに分けた（後述）ため，複数のカテゴリーにまたがる人がいた．各求職方法の効果を明確にするために，そうした人は分析対象から除いた．

2.2 ── 従属変数

　従属変数として，佐藤（1998b）と同じく，初職の職業威信スコアを用いる．職業威信スコアには，1995 年社会階層と社会移動調査において作成されたものを使用した（都筑編（1998））．

　なお，職業達成の指標には他に，収入，従業上の地位（正社員かアルバイトかなど），勤務先の従業員数などがある．ただし収入と従業上の地位は，勤務年数が長くなるとともに一般的に上昇・変化する．従業員数は，自営業だと一般に少ないので，自営業者の職業達成を過小評価する危険がある．

これらに対して，職業威信は，勤務年数の長短や自営業かどうかにかかわらず，職業達成の指標として安定している．また，同じ職業であれば，異なる時点で威信スコアを調査しても相関が高いことが知られる．こうした理由から，個人の職業達成の指標として望ましいといえよう．

2.3 ── 独立変数と統制変数

　独立変数は，人的資本としての教育と，社会関係資本としての求職方法である．

　教育には，最終学歴を用いる（在学中や中退も含む，ただし専門学校は除く）．統制変数としては教育年数を用い，仮説2の交互作用では教育グループとして高卒以下と短大卒以上を用いる．

　求職方法については，佐藤（1998b）と同じように回答を4つに分類した．もともと初職の求職方法として10の選択肢があり，複数回答となっていた．これを，以下のように「直接参入」「学校関係」「個人的紐帯」「血縁関係」に分ける．

(1) 直接参入：職安の紹介，民間紹介機関の紹介，求人広告で応募，自分ではじめた．
(2) 学校関係：学校・先生の紹介，先輩の紹介．
(3) 個人的紐帯：友人・知人の紹介，現在従業先から誘い，前従業先から紹介．
(4) 血縁関係：家族・親族の紹介，家業を継ぐ．

　このうち，個人的紐帯と血縁関係が縁故を表す．この章では縁故の役割に関心があるので，直接参入と学校関係をまとめて1カテゴリーとする．そのうえでこれを参照カテゴリーとして，「個人的紐帯ダミー」（個人的紐帯を使用＝1，それ以外＝0）と「血縁関係ダミー」（血縁関係を使用＝1，それ以外＝0）の役割を調べる．

　分析では，性別（男性ダミー，男性＝1，女性＝0），年齢，教育年数で統制する．

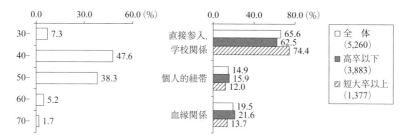

図 7.3 初職の職業威信スコアの分布(左),求職方法の分布(右)
注) $N = 5,260$. ( )内は人数.

3 ── 分析結果

3.1 ── 分　布

　従属変数である初職の職業威信スコアは,どのような分布となるだろうか.
図 7.3 左となった.職業威信スコアは 40 代がもっとも多く,最小 36.7,最大
90.1,平均 49.7,標準偏差 7.3 だった.

　独立変数である求職方法の分布は,図 7.3 右となった.高卒以下グループで
も短大卒以上グループでも,直接参入・学校関係が最多だった.2 番目に利用
者が多いのが血縁関係で,個人的紐帯はもっとも少なかった.相対的には,高
卒以下グループで縁故の利用者の比率が高く,短大卒以上グループで直接参
入・学校関係が高かった(カイ二乗検定で 0.1% 水準で有意).

3.2 ── グループ別の比較

　縁故を使った人の比率は,属性グループ,階層グループ別で偏りがあるのだ
ろうか.図 7.4 によると,属性グループ別では男性ほど,年輩の人ほど,既婚
者や離死別者ほど,縁故を有意に使用していた.階層グループ別では,教育が
低い人ほど,経営者や契約社員ほど,世帯収入が低い人ほど,有意に縁故利用
者だった.

　職業威信スコアは,グループ別にどう異なるだろうか.教育別に職業威信ス
コアを比較すると,短大卒以上のほうが有意に高かった(図 7.5 左).求職方
法別に比較すると,直接参入・学校関係がもっとも高く,縁故である個人的紐

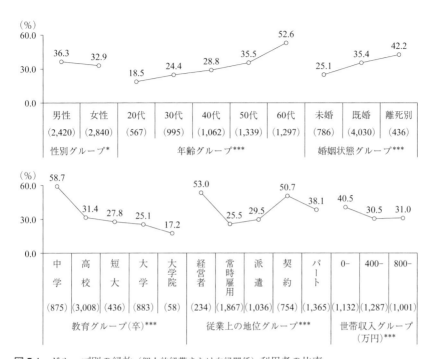

図 7.4 グループ別の縁故(個人的紐帯または血縁関係)利用者の比率
注) $N = 5,260$(一部グループで欠損あり).( )内は人数.経営者は役員を,派遣は契約社員・嘱託・パート・アルバイト社員・臨時雇用を,自営は自由業者・家族従業者・内職を,無職は学生を含む.カイ二乗検定で $^\dagger p<0.10$, $^* 0.05$, $^{**} 0.01$, $^{***} 0.001$.

帯と血縁関係は平均威信が低い(3つの求職方法の平均は有意に異なった).

では,さらに教育グループで分けたときに,こうした求職方法の役割はどうなるだろうか.それが図7.5 右である.ここから,(1) 教育が高いと,どの求職方法でも職業威信スコアが上がること,(2) 直接参入・学校関係と縁故の差が,短大卒以上グループより高卒以下グループのほうが緩やかであること,が見てとれる.これらは,統制変数で統制しても残るのだろうか.

3.3 ── 回帰分析(仮説1,2の検証)

そこで,回帰分析を標本全体についてと,高卒以下グループ,短大卒以上グループに分けた場合とで実施した(表 7.2).独立変数のうち,教育年数の効果

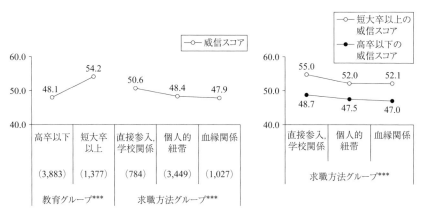

図 7.5 教育別,求職方法別(左),教育・求職方法別(右)の初職威信の平均
注)$N = 5,260$(一部グループで欠損あり).( )内は人数.右は教育と求職方法の交互作用を表す.分散分析で $^{\dagger}p<0.10$, $^{*}0.05$, $^{**}0.01$, $^{***}0.001$.

表 7.2 初職の職業威信スコアを従属変数とした回帰分析結果

		標 本		
		全 体	高卒以下	短大卒以上
属 性	男性ダミー	−0.046 ***	−0.063 ***	−0.097 **
	年 齢	0.084 ***	0.057 ***	0.116 ***
階層的地位	教育年数	0.466 ***	0.247 ***	0.270 ***
	個人的紐帯	−0.045 **	−0.056 ***	−0.096 ***
	血縁関係	−0.058 ***	−0.077 ***	−0.114 ***
交互作用	個人的紐帯×短大卒	−0.037 *		
	血縁関係×短大卒	−0.040 **		
決定係数		0.196	0.074	0.087
N		5,260	3,883	1,377

注)値は標準化係数.×は交互作用.教育年数は中学卒= 9,高校卒= 12,短大卒= 14,大学卒= 16,大学院卒= 18.$^{\dagger}p<0.10$, $^{*}0.05$, $^{**}0.01$, $^{***}0.001$.

をみると,全体,各グループすべての標本で有意な正の効果をもった(係数 0.466, 0.247, 0.270).係数(標準化係数)の大きさを比較すると,どの標本でも最大の効果をもっていた.

個人的紐帯と血縁関係は,すべての標本で有意な負の効果をもった(係数は

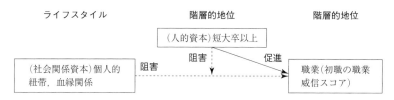

図 7.6 分析結果の要約

注）矢印は**表 7.2**における有意な正の効果（促進効果）を表す（破線は有意な負の効果，阻害効果）．矢印の交差は交互作用を表す．

個人的紐帯 −0.045，−0.056，−0.096，血縁関係 −0.058，−0.077，−0.114）．このように，高卒以下グループでも短大卒以上グループでも，縁故を使うと，直接参入や学校関係と比べて，有意に威信の低い職業に就くことが分かった．

では，教育別に，縁故の役割は異なるのだろうか．そこで全体で交互作用の効果をみると，個人的紐帯と短大卒以上，血縁関係と短大卒以上との交互作用がどちらも有意に負であった（係数 −0.037，−0.040）．したがって，短大卒以上の人が縁故を利用すると，高卒以下の人が利用したときと比べて，（威信の絶対値は高くても）仕事の威信をより大きく下げざるをえない．裏を返せば，高卒以下グループが縁故を活用すれば，短大卒以上グループが利用するより，下げ幅が小さく，緩やかになる．したがって，縁故は短大卒以上グループにはかえって妨害となり，高卒以下グループを相対的に利する．

統制変数のうち女性ほど，また年配者ほど，どの標本でも有意に職業威信スコアを上げた．

3.4 —— 頑健性のチェック

なお，直接参入と学校関係を分離しても，年齢を入職年度へ変更しても，おおむね同じ結果であった．以上の分析結果をまとめると，**図 7.6** となる．

4 —— 考　察

4.1 —— 分析結果の要約

（1）分布から，個人的紐帯と血縁関係という縁故を使って就職活動した人は，

それぞれ2割前後いた.

(2) 回帰分析から,教育が高いほど,一貫して初職の職業威信スコアを上げて,就職活動に役立った.（省略したが回帰分析の非標準化係数より）短大卒以上グループの人は,高卒以下グループの人に比べて,職業威信スコアが平均1.6ポイント高かった.

(3) 同じく回帰分析から,個人的紐帯と血縁関係という縁故は直接参入・学校関係と比べて,一貫して初職の職業威信スコアを下げた.（省略したが）非標準化係数より,個人的紐帯は0.9,血縁関係は1.1下げる.したがって,仮説1は支持された.

(4) ただし,回帰分析における教育と縁故の交互作用から,縁故の効果は教育によって異なっていた.高卒以下グループが縁故を使ったほうが,短大卒以上グループが使うより,威信の低下が穏やかだった.したがって,仮説2も支持された.

4.2 —— 縁故はいつ役立つのか

それでは,社会関係資本としての縁故は,まったく役立たないのだろうか.そうではないだろう.もし直接参入や学校関係を用いて就職活動しても就職できなかったとしよう.そうした場合,ベストではないが次善の方法として,個人的紐帯や血縁関係に頼れば就職できるかもしれない.実際,図7.3右より標本全体で14.9%が個人的紐帯を,19.5%が血縁関係を利用して就職した（合計34.4%）.また,短大卒以上グループと比べ,高卒以下グループでは縁故を使用する人が有意に増える.つまり,縁故は教育において不利な立場のグループにひろく使用されている.そして,分析によれば,縁故は彼らにこそ役に立った.

したがって,たしかに縁故で見つかる仕事は威信が高くないかもしれない.しかし,「無職よりははるかにまし」と考えるならば,縁故は労働市場における最後の手段として,いわば「セーフティ・ネット」の役割を果たしているのかもしれない.

なお,Kobayashi *et al.*（2015）が初職でどれくらい離職しやすいかを調べたところ,直接参入や学校関係と比べて個人的紐帯を使用した人ほど,離職しや

すかった．ただし，血縁関係を使うと長続きしやすかった．小林（2017a）によれば，個人的紐帯や血縁関係を使用すると，初職で非正規雇用や自営業となりやすく，また小さい職場に就職しやすかった．

4.3 ── カタパルト効果よりブレーキ効果

以上から，縁故という社会関係資本の効果の現れ方は，教育という人的資本に規定されていることが分かった．とはいえ，人的資本と社会関係資本が相乗効果（カタパルト効果）をもつのではなく，人的資本の豊かな人は社会関係資本の活用が制限される（ブレーキ効果）というものだった（カタパルト効果，ブレーキ効果については小林（2017a））．これらは，教育ごとに縁故の効果を調べることを通して，人的資本と社会関係資本の関係を検討することで，はじめて明らかにできた．

まとめると，受けた教育によって，就職活動の仕方，就ける仕事，縁故の役割が異なっていた．つまり，縁故という社会関係資本の効果の現れ方は，教育という人的資本に規定されていた．したがって，リサーチ・クエスチョンにたいして以下のように回答できるだろう．

リサーチ・クエスチョンへの回答．初職の就職活動において，教育（学歴）は職業威信スコアの高い仕事を提供し，縁故（コネ）による就職先は職業威信スコアが低かった．そのため，コネより学歴が一貫して役立った．ただし，教育の低い人の間では縁故がセーフティ・ネットの機能を果たした．したがって，初職の就職活動の仕方には，教育による偏りがあったので，「就職活動格差」があった．以上から，階層的地位（とくに教育）は就職活動を通して，人びとのライフスタイルを規定していた．

先行研究と比較すると，まず教育はつねに職業達成を促進した．このことは，Becker（1964）の結果と一致する．つぎに，縁故は，職業達成を低下させる．このことは，佐藤（1998b）の結果とおおむね一致した．

なお，この章では学校関係の効果を独立して取りあげることはしなかった．苅谷（1991）は，学校から職場への制度的なつながりを指摘した．

4.4 ── 就職活動を成功させるには

　就職活動について，どのような実践的な含意を引きだせるだろうか．第1に，教育と縁故を比べると，望ましい仕事を得るためにはできるだけ教育を上げることが，まずは望ましいだろう．

　その上で第2に，もし高校卒までであれば，直接参入や学校関係で就職先が見つからなかった場合，個人的紐帯や血縁関係といった縁故を使用することもオプションとなるだろう．

　第3に，もし短大卒以上であれば，縁故に頼るよりは，直接参入するか，学校関係で仕事を探すことが割がよいだろう．

4.5 ── 今後の課題

　(1) 教育でグループに分けて，縁故の役割を調べた．今後は，別の方法でグループの比較を行うことも必要だろう．たとえば，入職コーホート別の分析がある．就職した時期によって，労働市場のあり方が異なっていたり，産業構造が違うかもしれない．

　(2) 教育過程で文系だったのか理系だったのかで，求職方法が異なる可能性がある．さらに，事務職なのか専門職なのかなどの職業や，産業によっても，職業達成のメカニズムが異なるかもしれない．

　(3) 国際比較の可能性もあるだろう．今回使用した2005年SSM日本調査には，共通の質問を含んだ韓国調査と台湾調査がある．これら東アジア諸国で，職業達成にどういうメカニズムが共通しており，また異なるのかを調べることができるだろう．

8章
だれが職場で手抜きするのか
──仕事格差の分析

　第7章〜第8章で，人びとのキャリア形成における格差を扱う．この章では，階層グループによって，人びとの「仕事」への取り組み方に偏りがないのかを分析する．仕事とそれ以外のバランスをうまくとれれば，より豊かなライフスタイルを送ることができるだろう．

1 ── リサーチ・クエスチョン

1.1 ── 労働時間の減少

　どうすれば，仕事と仕事以外のバランスをとれるだろうか．毎月勤労統計調査によれば，人びとの労働時間は1960年から一貫して減少している（図8.1）．その結果，労働以外の時間が増えたので，ライフスタイルの選択肢がより多様化してきた．

　では，それに伴い，すべての人が平等に仕事の負担を減らせたのだろうか．それとも，負担が減った人もいるが，そうでない人もいるのだろうか．

　この章では，職場の中でのこうした役割分担の仕方を「フリーライダー問題」という視点から検討する．フリーライダーとは，組織や集団で共同作業を行なうときに，ただ乗り（フリーライド）して，コストを負担することなく利益をえる人をさす（大浦（2008））．フリーライダー問題は，社会運動（Olson（1965））や環境問題（藤井（2003））などに見いだされてきた．

　社会運動であれば，デモに参加することがなくても，政治的要求などの成果を享受できることがある．環境問題であれば，たとえば自分はこれまでどおりの生活をしていても，他の人が二酸化炭素を減らしてくれれば，その利益に浴

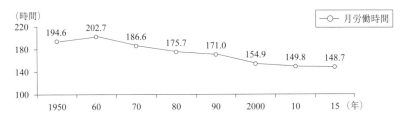

図 8.1 月間実労働時間の推移（事業所規模30人以上）
注）出典：毎月勤労統計調査．1960年まではサービス業除く．

することができる．こうした状況は「社会的ジレンマ」として定式化されてきた（Dawes（1980），その後の展開は Kollock（1998）や山岸（2002）に整理されている）．

　職場だと，フリーライダー問題は以下の定義のように「仕事に手抜きをする」という形で起こる．もともと組織研究で「怠業 Job neglect」とよばれ，「さぼり Shirking」「社会的手抜き Social loafing」「手抜き Withholding effort」として概念化されてきた（Kidwell and Robie（1993）参照）．日本では「ぶら下がり」ともよばれる．

定義（職場のフリーライダー）．職場において，仕事に手を抜いて同僚に負担をかける人を「フリーライダー」とよぶ．

　近年は，本来の仕事である役割内行動にたいして，ちょっとしたアドバイスや手助けなどの役割外行動が「組織市民行動 Organizational citizenship behavior」として着目されている（Organ *et al.*（2005）など）．日本では，後輩の教育，職場の雰囲気作り，労働組合への参加などで，フリーライダー問題が発生しうると指摘されている（沼上（2003））．

1.2 ── リサーチ・クエスチョン

　そこで，この章では以下のリサーチ・クエスチョンを検討する．フリーライダーが少ないほど，職場は活性化されるという（高橋（1997））．しかし，個々の労働者のワーク・ライフ・バランスを促進したり阻害したりするかは分かっ

ていない．ワーク・ライフ・バランスとは，仕事とそれ以外の生活（とくに家庭）とを両立させることを指す．ワーク・ライフ・バランスがよい人ほど，豊かなライフスタイルを送っているといえよう．

リサーチ・クエスチョン（仕事格差）．教育，職業，収入における階層的地位によって，職場でフリーライダーとなるかどうかに格差があるのか．フリーライダーは，ワーク・ライフ・バランスを向上させるのか，それとも低下させるのか．

フリーライダーほど，仕事に手を抜いてその分の時間や労力を仕事以外に振りむけるなら，ワーク・ライフ・バランスが向上するかもしれない．他方，フリーライダーとなって仕事へのモチベーションが下がると，生活全般にも張りがなくなり，ワーク・ライフ・バランスが低下するかもしれない．

1.3 ── 先行研究

これまで，職場のフリーライダー問題の研究は，特定の企業を対象とした事例研究が中心であった．その結果，フリーライダーを減らす要因が明らかにされてきた（Leibowitz and Tollison（1980），George（1992），Liden et al.（2004））．日本では，高橋（1997）と小林・小山ほか（2005）がある．

しかし，職場でフリーライドすることが，ともすれば教育や，正規雇用か非正規雇用かという従業上の地位や，ホワイトカラーかブルーカラーかといった職業によって異なるかもしれない．とくに近年，派遣社員や契約社員といった非正規雇用が増えて，労働者の 1/3 を超えた（労働力調査によれば 2015 年で 37.5%，序章図 **0.2**）．その結果，柔軟な働き方をしやすくなった反面，正規雇用労働者と非正規雇用労働者の間で待遇に格差が生まれつつあるともいう（佐藤（1998b））．非正規雇用労働者は，有期契約であるため，業績として評価されにくい役割外行動よりは，役割内行動での成果をだすことを優先させるかもしれない．

事例研究では，こうした差異を見いだすことが難しい．そこで，多様な人びとを対象とする横断的調査が必要となるだろう．小林（2009）は，横断的調査

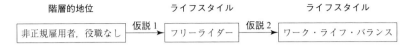

図 8.2　仮説
注）矢印は因果関係を表す．

である 2005 年社会階層と社会移動日本調査（SSM 調査）を用いて，役割内行動のフリーライダーを調べた．その結果，正規雇用労働者と比べて非正規雇用労働者ほど，また年功序列型の賃金体系で働くより成果主義型であるほど，仕事に手抜きしないことを明らかにした．ただし，役割外行動については調べていない．

小林（2010a）は，別の横断的調査を用いて役割外行動のフリーライダーを調べた．その結果，同僚が役割外行動をするほど，まわりも役割外行動をすることが分かった．ただし，役職や職場環境や職歴など，職業にまつわる情報が不足していた．

1.4 ── 仮　説

そこで，この章では以下の仮説を検証していく．仮説 1 はフリーライダーの規定要因を，仮説 2 は帰結を扱う（図 8.2）．

仮説 1（フリーライダーの規定要因）．正規雇用労働者と比べて非正規雇用労働者ほど，仕事の責任が少ないため，職場でフリーライダーとなるだろう．役職者と比べて役職のない人ほど，同様の理由で，職場でフリーライダーとなるだろう．

仮説 2（フリーライダーの帰結）．フリーライダーほど，時間や労力を仕事以外に振りむけるため，ワーク・ライフ・バランスがよいだろう．

表 8.1 調査の概要

調査名	JGSS-2009 ライフコース調査（特別調査「働き方と暮らしについての調査」）
実施者	大阪商業大学 JGSS 研究センター
調査期間	2009 年 1-3 月
調査方法	面接調査と留置調査の併用
母集団	2008 年 12 月 31 日時点で満 28-42 歳の全国個人（1966 年 1 月 1 日～1980 年 12 月 31 日生まれ）
計画標本	6,000 人
抽出方法	層化 2 段無作為抽出法
有効回収数	2,727 人（有効回収率 51.1％）
分析対象	（所得を除く）すべての変数に回答した人のうち，自営業以外で，かつ職場に同僚のいる人 1,678 人（うち所得の回答者は 1,173 人）．構成は男性 52.4％，平均年齢 35.5 歳，未婚・同棲中 28.3％／既婚・離婚を前提に別居中 66.9％／離死別 4.8％，平均教育年数 13.6 年，経営者・役員 2.7％／常時雇用 68.1％／派遣 3.8％／契約・嘱託 4.0％／臨時雇用（パート・アルバイト・内職）21.5％，専門職 22.2％／管理職 3.5％／事務職 27.8％／販売職 13.6％／熟練職 13.9％／半熟練職 12.3％／非熟練職 5.8％／農業 0.4％／不明・無回答 0.6％，役職あり 21.3％，転職経験あり 65.7％，平均等価所得 365.2 万円

2 ── 方　法

2.1 ── データ

　データとして，JGSS-2009 ライフコース調査（特別調査「働き方と暮らしについての調査」）を用いる（調査の概要は表 8.1）．標本はランダム・サンプリングによって収集された 2727 人であり，そのうち 1678 人を分析対象とする．フリーライダーは他人へのただ乗りという性質をもつため，自営業，自由業者，家族従業員を除いた．また，フリーライダーとなるには，同僚が必要であるため，同僚のいない人は除外した．この調査によって横断的調査ではじめて，フリーライダーの役割内行動と役割外行動の両方について調べられた．職業に関連した情報も豊富にある．

2.2 ── 従属変数

　従属変数として，フリーライダーについて以下のように質問した．役割内行

動として「仕事の量」について，役割外行動として「アイデアの提案」と「同僚へのサポート」について，合計3項目を聞いた（Van Dyne and LePine（1998）の17項目を3項目に集約した）．

以下ではフリーライダー項目として，「仕事量」「アイデア提案」「同僚サポート」とよぶ．選択肢は，「同僚より多い」「同僚よりやや多い」「同僚と同じくらい」「同僚よりやや少ない」「同僚より少ない」「同僚はいない」の6つであった．

質問（フリーライダー）．あなたの現在の仕事について，次のことを，同僚と比べてどの程度していますか．現在仕事をしていない方は，もっとも最近の仕事についてお答えください．

	同僚より多い	同僚よりやや多い	同僚と同じくらい	同僚よりやや少ない	同僚より少ない	同僚はいない
仕事の量	1	2	3	4	5	9
アイデアの提案	1	2	3	4	5	9
同僚へのサポート	1	2	3	4	5	9

分析では，「同僚はいない」を除き，同僚より多い＝5，同僚より少ない＝1とする．したがって，値が小さい（1に近い）ほどフリーライダーとなり，大きい（5に近い）ほどフリーライダーではなくなる．

また，仮説2のためにワーク・ライフ・バランスを「あなたの今の職場には，次のことがどの程度あてはまりますか．現在働いていない方は，もっとも最近の職場について，お答えください」として「仕事と生活の時間配分のバランスが取れている」について，「あてはまる」「どちらかといえばあてはまる」「どちらかといえばあてはまらない」「あてはまらない」の4つの選択肢で質問した．分析では，あてはまる＝4，あてはまらない＝1とする．

2.3 ── 独立変数と統制変数

独立変数には，仮説に基づいて，正規雇用ダミー（経営者，役員，常時雇用

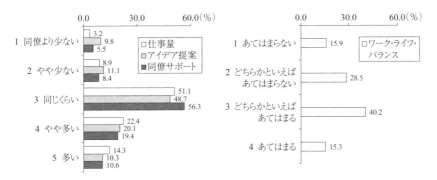

図 8.3 フリーライダー項目（左），ワーク・ライフ・バランス（右）の分布
注）N = 1,678．フリーライダー項目で値が小さい（1 に近い）ほどフリーライダー．

者＝ 1，臨時雇用者，派遣社員，契約社員，嘱託＝ 0）と役職ダミー（職長，班長，係長，課長，部長，役員などなにか役職のある者＝ 1，それ以外＝ 0）を用いる．

　統制変数には，男性ダミー，年齢，教育年数，既婚ダミー，転職経験ダミー，等価所得（単位 100 万円）を用いる．

3 ── 分析結果

3.1 ── 分　布

　3 つのフリーライダー項目とワーク・ライフ・バランスは，どのように分布するだろうか．その結果は，**図 8.3** となった．仕事量，アイデア提案，同僚サポートのどれも「同僚と同じくらい」がもっとも多く，1 山でほぼ左右対称となっていた．「同僚よりやや少ない」「少ない」と比べて，「同僚よりやや多い」「多い」のほうが多かった．

　各変数の平均は，役割内行動である仕事量が 3.4 で，役割外行動のアイデア提案 3.1 と同僚サポート 3.2 より高かった（**表 8.2**）．役割内行動は本来の業務であるため，役割外行動よりフリーライダーとなることが少なかったようである．なお，3 項目の間の相関係数は 0.512 から 0.621 の範囲で，すべて 0.1% 水準で有意だった．

表 8.2 従属変数の記述統計 ($N = 1,678$)

	最小	最大	平均	標準偏差
仕事量	1	5	3.4	0.94
アイデア提案	1	5	3.1	1.05
同僚サポート	1	5	3.2	0.94
ワーク・ライフ・バランス	1	4	2.5	0.93

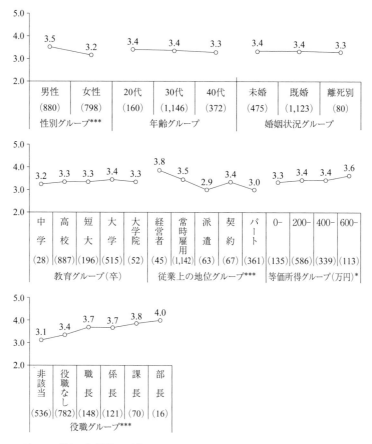

図 8.4 グループ別の仕事量の平均

注) $N = 1,678$（一部グループで欠損あり）．（ ）内は人数．経営者は役員を契約を嘱託を，パートはアルバイト・内職を，職長は班長・組長を含む．分散分析で $^{†}p<0.10$，$^{*}0.05$，$^{**}0.01$，$^{***}0.001$．

3.2 —— グループ別の比較

では，教育などのグループごとに平均を比較すると，どうなるだろうか．こうした比較は，今回の横断的調査によってはじめて可能となった．

独立変数のうち従業上の地位グループ別だと，すべての3項目について非正規雇用労働者でフリーライダーが有意に多かった（仕事量のフリーライダーのみ平均の比較のグラフが図 8.4 にある）．役職別でも，全3項目で役職のない人がフリーライダーに有意になっていた（図 8.4）．

統制変数のうち，性別グループ別ではすべての項目で女性ほど，有意にフリーライダーとなった．教育別にみると，（グラフを省略したが）教育が高い人ほど有意にアイデア提供していた．転職経験グループ別では全3項目で，経験している人のほうが，有意にフリーライダーとなっていた．等価所得が多い人ほど，全3項目で有意にフリーライダーが減っていた．年齢，婚姻状態グループ別では，明確な傾向はなかった．

なお，「仕事が連帯責任なのか」や「賃金制度が成果主義的なのか年功序列的なのか」といった職場環境の影響については，小林（2010c）で詳しく検討している．

フリーライダーからワーク・ライフ・バランスへの効果をみると，仕事量が多い人ほど有意にワーク・ライフ・バランスを悪化させていた（図 8.5）．アイデア提供と同僚サポートの効果は有意ではあったが，直線的な傾向はなかった（図 8.5）．

3.3 —— 回帰分析によるフリーライダーの規定要因（仮説1の検証）

それでは，フリーライダーはどのような規定要因をもつのだろうか．3つのフリーライダー項目をそれぞれ従属変数として，回帰分析を行なった（表 8.3）．

分析結果から，独立変数のうち正規雇用労働者ほど，すべての項目で有意にフリーライダーが減少した（係数 0.129, 0.113, 0.087）．つまり，非正規雇用労働者ほど，仕事量が少なく，アイデアを提案することが少なく，同僚をサポートすることも少なかった．

このことは一見すると，非正規雇用労働者がさぼりがちであるかのようにみ

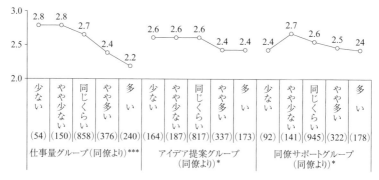

図 8.5　グループ別のワーク・ライフ・バランスの平均
注) $N = 1,678$. ( ) 内は人数. 分散分析で †$p<0.10$, *0.05, **0.01, ***0.001.

える．しかし，もともとこうした項目が非正規雇用労働者には正規雇用労働者ほど期待されていないならば，この結果は自然であろう．なお，この調査では職場の非正規雇用労働者の割合も質問している．そこでそれで統制してみたが，やはり非正規雇用労働者であることの効果は有意であった．非正規雇用労働者の割合が高いほど，仕事量は有意に増えた．

役職の有無ではどうか．役職者ほど，有意にフリーライダーが減った（係数 0.143, 0.156, 0.106）．したがって，フリーライダーとなるのは，役職のない人のほうだった．

統制変数の効果をみると，男性ほど，また等価所得が多い人ほど，項目によってフリーライダーを有意に減らした．一方，年齢，教育，転職経験はフリーライダーに影響しなかった．小林（2007）は，転職経験者ほどフリーライダーとならないことを報告しているので，異なる結果となった．

3.4 ── 回帰分析によるワーク・ライフ・バランスへの効果（仮説2の検証）

つぎに，ワーク・ライフ・バランスを従属変数として，フリーライダーがどのような役割をもつのかを回帰分析で検討した（**表 8.3**）．

すると，仕事量が多い人ほど，ワーク・ライフ・バランスが悪かった．アイデア提供は，有意な効果をもたなかった．一方，同僚サポートをする人は，困

表8.3 フリーライダー項目，ワーク・ライフ・バランスを従属変数とした回帰分析

		従属変数			
		仕事量	アイデア提案	同僚サポート	ワーク・ライフ・バランス
属性	男性ダミー	0.095 **	0.086 *	0.057	−0.064 †
	年齢	−0.029	0.007	0.014	−0.031
	既婚ダミー	0.005	0.050 †	0.019	0.054 †
階層的地位	教育年数	−0.035	−0.017	−0.014	−0.007
	正規雇用ダミー	0.129 ***	0.113 **	0.087 *	−0.171 ***
	役職ダミー	0.143 ***	0.156 ***	0.106 **	−0.056 †
	転職経験ダミー	0.014	0.013	0.010	0.022
	等価所得	0.039	0.110 ***	0.065 *	0.013
フリーライダー	仕事量				−0.211 ***
	アイデア提案				0.052
	同僚サポート				0.099 **
	決定係数	0.080	0.093	0.043	0.106

注）$N = 1,173$．値は標準化係数（正だとフリーライダーを減らし，負だとフリーライダーを増やす）．教育年数は中学卒 = 9，高校卒 = 12，短大卒 = 14，大学卒 = 16，大学院卒 = 18．†$p<0.10$，*0.05，**0.01，***0.001．

った時に同僚と補いあえるためか，むしろワーク・ライフ・バランスを有意に向上させた（係数 −0.211，0.052，0.099）．

なお，正規雇用者より非正規雇用者のほうが，ワーク・ライフ・バランスが有意によかった．また，役職のない人のほうが，役職者よりよい傾向があった．

3.5 ── 頑健性のチェック

以上の回帰分析結果は，ホワイトカラー労働者かどうかや，従業先規模で統制しても，同じであった．以上の分析結果をまとめると，図8.6となる．

4 ── 考 察

4.1 ── 分析結果の要約

（1）分布から，どの項目も同僚と同程度が多く，同僚より少ないという人より多いという人が多かった．この傾向は，小林ほか（2005）と一致した．

図 **8.6** 分析結果の要約

注）矢印は**表 8.2** における有意な正の効果（促進効果）を表す（破線は有意な負の効果，阻害効果）．

（2）フリーライダーを従属変数とした回帰分析から，非正規雇用労働者ほどどの項目でもフリーライダーとなりやすいことが分かった．小林（2009）は，2005 年 SSM 調査を用いて，非正規雇用労働者ほど仕事に手抜きをしないことを示した．今回の結果と総合すると，非正規雇用労働者は，仕事に手抜きをするわけではない．とはいえ，期待される業務が正規雇用労働者と異なるためか，仕事量，同僚サポート，アイデア提案が正規雇用労働者より少ないようである．したがって，仮説 1 は支持された．

（3）ワーク・ライフ・バランスを従属変数とした回帰分析から，仕事量が少ない人ほどワーク・ライフ・バランスがよかった．フリーライダーは，仕事量が少ないぶん，仕事と生活のバランスはとりやすいといえる．したがって，仮説 2 も支持された．

そこで，リサーチ・クエスチョンにたいして以下のように回答できるだろう．

リサーチ・クエスチョンへの回答．非正規雇用労働者や役職のない人は，仕事量，アイデア提案，同僚サポートのすべてでフリーライダーとなって手抜きをすることが多かった．しかし，仕事量が少ない人は，ワーク・ライフ・バランスを向上させることができた．したがって，職場でフリーライダーとなる可能性には，職業による偏りがあったので，「仕事格差」があった．以上から，階層的地位（とくに職業）は仕事とワーク・ライフ・バランスを通して，人びとのライフスタイルを規定していた．

4.2 ── フリーライダーというライフスタイル

　このように，たしかにフリーライダーは職場にとって問題となるが，個人のライフスタイルにとってはかならずしも悪いことばかりではないようだ．これまで，フリーライダー研究では「どうやってフリーライダーを減らすのか」が課題とされてきた．フリーライダーが増えると，職場でも環境問題でもボランティア活動でも，まじめに取り組む人が損をしてしまう．その結果，そうした人のモチベーションが低下し，ひいては活動そのものが低調になったり停止してしまったりしかねない．

　ただし，これらは組織からみた場合の弊害である．個人の立場からはどうだろうか．職場でもそれ以外でも，周囲に迷惑がかかるほど過度に手を抜くと，本人が信頼を失うなどデメリットがあるだろう．しかし，「ほどほど」に頑張って，「ほどほど」に手を抜くことは，むしろ豊かなライフスタイルのためには不可欠かもしれない．

　我々の時間は，1日24時間に限定されている．そのため，仕事，家庭，地域活動などすべてに全力投球することはできない．仕事に全力を注ぐ人は，家庭でフリーライダーとならざるをえないだろうし，その逆のケースもあるだろう．

　つまり，「なにかを頑張る」ためには，「他のなにを頑張らないか」「どこで手を抜くか」を決める必要があるのである．フリーライダーとは，いわばほどよくバランスをとって「ぼちぼちやる」というライフスタイルなのかもしれない．

4.3 ── 今後の課題

　(1) 3つのフリーライダー項目の間に，どのような因果関係があるのかを解明する必要があるだろう．組織市民行動の理論によれば，役割外行動が増えると，役割内行動が促進されると予想されている（Organ *et al.*（2005））．

　(2) フリーライダー項目の効果として，この章ではワーク・ライフ・バランスを取りあげた．今後は，仕事への満足度や継続意向に，どのような効果をもつのかを調べることもできるだろう．

図 8.7　フリーライダー実験の様子
注）出典：Kobayashi（2013）．写真中央の実験者が筆者．

（3）ここでは量的調査データを用いた．フリーライダー問題には，他に小集団実験も多数行なわれてきた（たとえば西條編（2015））．そこで，職場のフリーライダー問題に実験でアプローチすることもできるだろう（図 8.7 は，フリーライダー実験を筆者が実施したときの様子，ただし設定は職場のフリーライダーに限定されない，Kobayashi（2013）より）．

9章
なぜ幸福と満足は一致しないのか
──幸福格差の分析

　第1章と第9章で，人びとのウェル・ビーイング（善き生）における格差を扱う．この章では，階層グループによって，人びとの「幸福感」や「満足度」に偏りがないのかを分析する．幸福や満足はライフスタイルの豊かさを表すバロメーター（気圧計）といえる．

1 ── リサーチ・クエスチョン

1.1 ── 幸福感と満足度の推移

　どうすれば，人は幸せになれるのだろうか．世界価値観調査によれば，1980年代から現在にかけて，8-9割の日本人が「自分は幸福だ」と感じ，7-8割の人が「生活に満足している」と考えていた（図9.1）．幸福については「全体的にいって，現在，あなたは幸せだと思いますか，それともそうは思いませんか」と質問し，「非常に幸せ」「やや幸せ」「あまり幸せではない」「全く幸せではない」から回答する．満足については「全体的にいって，あなたは現在の生活にどの程度満足していますか，あるいはどの程度不満ですか」ときき，「不満」から「満足」まで10段階で回答する．

　どちらも過去30年間で，おおむね安定している．前者の意識は「主観的幸福感」，後者は「生活満足度」とよばれる（この章では「幸福感」「満足度」とよぶことがある）．幸福感や満足度の散らばりの程度は，人びとの価値観の多様性を反映しているといえる．

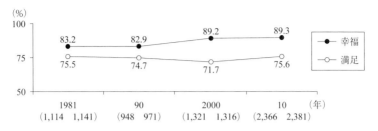

図 9.1 日本における主観的幸福感と生活満足度の推移

注）出典：世界価値観調査．（ ）内左が幸福 N，右が満足 N．幸福は「非常に幸せ」と「やや幸せ」の合計，満足は 10 段階のうち上位 5 段階の合計．

1.2 ── 代表的調査での比較

では，主観的幸福感と生活満足度は，同じ社会心理を測定しているのだろうか．2 つは一見すると似ているため，これまでしばしば，満足度が人びとの幸福感の代理指標とされてきた．

たとえば，Easterlin（1974）は国際比較の結果，「所得が増えても幸せになるとはかぎらない」ことを発見した（「幸福のパラドクス」または「イースタリン・パラドクス」とよばれる）．ただし，データの制約から，満足度で幸福感を代替させることがあった．Frey and Stutzer（2002）は幸福感のさまざまな規定要因を分析するが，やはり満足度を用いることがある（その他にも白石・白石（2010），Veenhoven（2012）など）．

しかし，幸福感が満足度と一致するかどうかは，自明ではない．じっさい，Sirgy（2012）は欧米社会で，小林・ホメリヒ（2014），Hommerich and Kobayashi（2015）は日本社会で，不一致となる場合があることを指摘している．

そこで，日本における幸福感と満足度を，代表的な 3 つのランダム・サンプリング調査（2006 年日本版総合的社会調査，2010 年世界価値観調査，2012 年生活の質に関する調査）で比較してみた（**表 9.1**）．すると，どの調査でも幸福な人のほうが満足している人より多く，その差は日本版総合的社会調査で 7.7%，世界価値観調査 13.6%，生活の質に関する調査 10.0% とおおむね 10% ほどであった．

さらに，もし幸福感と満足度が完全に一致するなら，すべての人はクロス表

表 9.1 代表的ランダム・サンプリング調査における幸福感と満足度

調査	調査年	N	選択肢数	幸福	満足	幸福－満足	クロス表の対角セル外比率	2値でのクロス表の対角セル外比率
日本版総合的社会調査	2006	4,254	5	93.9%	86.2%	7.7%		
世界価値観調査	2010	2,443	幸福4, 満足10	89.3%	75.6%	13.6%	44.3%	16.5%
生活の質に関する調査	2012	6,451	11	88.0%	78.0%	10.0%	58.8%	14.1%

注)「幸福」と「満足」は選択肢における上位半分の合計(中間点がある場合は中間点を含む).日本版総合的社会調査では幸福感と満足度を異なる標本に質問したため、クロス表がない.世界価値観調査におけるクロス表の対角セル外比率44.3%は、満足度が10段階だったので、幸福感の4段階にあわせるため「1-3」「4-5」「6-7」「8-10」へとまとめて4値とした.

で対角線上のセルに入るはずである.しかし、実際には一致せず対角セルの外に入った人が、世界価値観調査44.3%、生活の質に関する調査58.8%と、おおむね半分前後いた(日本版総合的社会調査では標本を2分割して一方に幸福感,他方に満足感を質問したため、クロス表はない).

したがって、満足している人より10%ほど多くの人が幸福と感じており、さらに全体の半分近くの人が幸福感と満足度で異なる回答をしていた.ここから、「幸福感と満足度は、一見すると似ているが、なぜかならずしも一致しないのか」というパズルが浮上するだろう.

1.3 ── 先行研究

なぜ、幸福感と満足度は一致しないのだろうか.Layard (2005) は幸福感の主な規定要因として「家族関係」「家計」「雇用」「コミュニティと友人」「健康」「自由」「価値観」の7つをあげ、「ビッグ・セブン」とよぶ.この順で強い効果をもつという.そのうえで、幸福感と満足度におおきな違いはないとする.

ところが、袖川・田邊 (2007) によれば、飽戸弘は1978年国民生活選好度調査を分析し、満足度は「収入,貯蓄,住居など即物的なものの評価」であるのにたいし、幸福感は「生活満足度に心理的,審美的な要素を加味したもので,

表面的な個人感情の評価で，深く考えず，家族関係や教育の満足度など個人的な要素の評価である」とした．その結果，幸福感と満足度は異なる側面を把握していると結論した．

袖川・田邊（2007）は，「自身の幸福にとって欠かせないものはなにか」を質問し，因子分析の結果標本を「期待幸福派」「現状幸福派」「経済幸福派」に分類した．その結果，幸福感には満足度よりも広い領域を評価したり，将来への期待感が含まれるという．

1.4 ── リサーチ・クエスチョン

ただし，幸福感と満足度それぞれの規定構造を特定して「なぜ一致しないのか」というメカニズムを解明することは，これまで十分にされてこなかった．もしかりに幸福感と満足度が同じようなメカニズムをもち，似たような規定要因によって決定されるのなら，たとえ分布が異なっていたとしても，同一視することに大きな支障はないだろう．しかし，もし規定要因が異なっているのなら，代替させることはできないはずである．ここでは，規定要因として，教育，職業，収入という階層的地位に着目する．

そのとき，規定要因を明確化するには，質問の形式とワーディングという「測定方法」を厳密にそろえる必要がある．そうしなければ，分布や規定要因に違いがあっても，それは「測定方法の違いによるため」であるのかもしれず，「メカニズムの違いによる」とは断言できない．たしかにこれまで，生活の質に関する調査など，幸福感と満足度を同じ選択肢数で測定したものはある．しかし，ワーディングを厳密には対応させていなかった（たとえば同調査では，選択肢のワーディングを幸福感では「とても幸せ」，満足度では「非常に満足している」としている）．

そこで，この章ではつぎのリサーチ・クエスチョンを検討していく．もしこの問題が解明されないと，ややもすれば不幸な人を幸福と見誤ったり，不満な人を満足していると誤認したりしたまま，見のがしかねないだろう．

リサーチ・クエスチョン（幸福格差，満足格差）．教育，職業，収入における階層的地位によって，幸福感と満足度に格差はあるのか．

図 9.2 仮定（左），仮説（右）
注）矢印は因果関係を表す．

1.5 ── 仮　説

　ここでは，合理的選択理論の立場からアプローチする．人びとは自分の（時間や労力といった）資源を投資することで，（教育達成・職業達成・収入達成といった）階層的地位の達成を人的資本として自分の中に蓄積し，そこから自分のウェル・ビーイング（善き生）を高めることで回収すると仮定しよう（ウェル・ビーイング概念については Diener *et al.* (1999) 参照）．

　また，袖川・田邊（2007）によれば，人びとは幸福感を満足度より広い領域で評価している．そこで，ここでは幸福感を「人生全体にわたって長期的にウェル・ビーイングを評価したもの」と仮定する．これにたいして，満足感は「1日，1週間，1年など短期的にウェル・ビーイングを評価したもの」と仮定する（図 9.2 左）．

　では，ウェル・ビーイングの評価対象の長短は，地位達成とどのように関わるだろうか．「最終学歴はなにか」という教育達成は，いちど入手すれば変動することなく，生涯失わない．そのため，長期的ウェル・ビーイングである幸福感に影響しやすいと予想できる（図 9.2 右）．たとえば，大学を卒業することでウェル・ビーイングがあがるなら，それは満足度より幸福感を押しあげることに寄与するだろう．

仮説 1（幸福感の規定要因）．教育達成は変動せず，職業達成と収入は変動しうる．そのため，幸福感が長期的ウェル・ビーイングとすれば，階層的地位のうち教育達成に影響されやすく，職業達成と収入に影響されにくいだろう．

　一方，「正規雇用か非正規雇用か」や「ホワイトカラー職かブルーカラー職

か」といった職業達成は，いちど獲得しても，配置転換や転職や失業によって（1カ月や1年など）短期間で変動を余儀なくされる可能性がある．収入も同様であろう．そのため，職業達成と収入は短期的ウェル・ビーイングである満足度に，より影響をあたえやすいと予想できる．

仮説2（満足度の規定要因）．満足度が短期的ウェル・ビーイングとすれば，階層的地位のうち教育達成に影響されにくく，職業達成と収入に影響されやすいだろう．

2 ── 方 法

2.1 ── データ

データとして，2014年暮らしについての西東京市民調査を用いる（調査の概要は**表9.2**，詳細は小林・見田編（2015））．標本はランダム・サンプリングによって収集された308人であり，そのうち284人を分析対象とする．分析を補足するため，必要に応じて日本版総合的社会調査，世界価値観調査，生活の質に関する調査の個票データを使用する．

2.2 ── 質 問

世界価値観調査（2010年）における幸福感の質問を参考に，まず幸福感の質問を設定した（質問文の「そう思いませんか」は世界価値観調査では「そうは思いませんか」）（幸福感の測定については島井ほか（2004）参照）．つぎに，形式とワーディングを対応させて，満足度の質問をつくった．こうして，質問の形式とワーディングを厳密にそろえ，以下の2つの質問で測定した．

質問（幸福感）．全体的にいって，現在，あなたは幸せだと思いますか，それともそう思いませんか（○は1つ）

非常に幸せ	やや幸せ	あまり幸せではない	全く幸せではない
1	2	3	4

表 9.2 調査の概要

調査名	2014 年暮らしについての西東京市民調査
実施者	小林盾
調査期間	2015 年 6-7 月
調査方法	郵送調査
母集団	2014 年 12 月 31 日時点で満 22-69 歳の東京都西東京市在住の個人（1945 年 1 月 1 日～ 1992 年 12 月 31 日生まれ）
計画標本	498 人
抽出方法	層化 2 段無作為抽出法
有効回収数	308 人（有効回収率 61.8%）
分析対象	分析する全変数に回答した 284 人．構成は男性 46.8%，平均年齢 42.9 歳，未婚 22.9%／既婚 67.3%／離死別 9.9%，平均子ども数 1.2 人，平均教育年数 14.5 年，正社員・正規公務員 40.5%／派遣・契約・嘱託 9.9%／パート・アルバイト・臨時雇用 15.5%／自営・自由・家族従業員・内職 9.2%／無職 25.0%，専門職 22.5%／管理職 8.5%／事務職 19.7%／サービス・販売職 17.3%／現場職 7.0%／無職 25.0%，平均等価所得 453.9 万円

質問（満足度）．全体的にいって，現在，あなたは生活に満足していますか，それともしていませんか（○は 1 つ）

非常に満足	やや満足	あまり満足ではない	全く満足ではない
1	2	3	4

2.3 ── 従属変数

　ここでは小林・ホメリヒ（2014）と同様に，「幸福か不幸か」「満足か不満か」に焦点をあて，幸福感と満足度どちらも離散的な 2 値と捉える．社会心理は属性や行動や経験と異なり，回答者本人にとってもあいまいなことがある．たとえば，「賛成」と「どちらかといえば賛成」の違いは不安定かもしれない．とはいえ，「賛成か反対か」「支持か不支持か」など 2 値で捉えるならば，回答が不安定となることは少ないであろう．

　そこで，幸福感への回答のうち「非常に幸せ」と「やや幸せ」の合計を「幸福」と，「あまり幸せではない」と「全く幸せではない」を「不幸」としてまとめてアフターコードしよう．同様に，満足度のうち「非常に満足」と「やや

満足」を「満足」と,「あまり満足ではない」と「全く満足ではない」を「不満」とする.

2.4 — 独立変数と統制変数

独立変数は,仮説にしたがい教育(短大卒以上ダミー),職業(①従業上の地位で自営ダミー,非正規雇用ダミー,無職ダミー,参照カテゴリーは正規雇用,②職業分類で専門・事務・管理職のホワイトカラー労働者ダミー,参照カテゴリーはブルーカラー労働者),収入(等価所得の中央値がほぼ 400 万円なので 400 万円以上ダミー)とする(教育の効果は筒井(2010),職業の効果はBlanchflower (2007), Di Tella et al. (2001), 収入の効果は Lane (2000) 参照).

統制変数は,先行研究で効果が確認されているものとして,性別(女性ダミー),年齢(10 歳ごと年齢階級),婚姻状態(既婚ダミー),同居(同居人ありダミー),子ども(子どもありダミー)とする(性別の効果は Inglehart (1990),年齢の効果は Blanchflower and Oswald (2007), 婚姻状態の効果は Tsang et al. (2003), 子どもの効果は Spanier and Lewis (1980), 日本における総合的な効果は筒井(2010), Tiefenbach and Kohlbacher (2014) 参照).

2.5 — 統計モデル

従属変数が 2 値のため,ロジスティック回帰分析を行なう.オリジナルの 4 値で分析する場合,線型回帰分析を行なう.

3 — 分析結果

3.1 — 分 布

幸福感と満足度の分布は,図 9.3 のとおりで,おおむね似た分布となった.カイ二乗検定の結果,2 つは異なる分布といえなかった.生活の質に関する調査では幸福感と満足度の選択肢数が 11 と同数であり,同調査でも 2 つの分布が異なるとはいえなかった.

幸福感と満足度の相関係数は 0.687 ($p<0.001$),クロンバックのアルファは0.813 だった.世界価値観調査ではそれぞれ 0.754 ($p<0.001$) と 0.858, 生活の

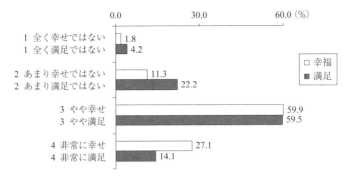

図 9.3 主観的幸福感と生活満足度の分布（N = 284）

質に関する調査では 0.626（p<0.001）と 0.546 だった．

このようにたしかに幸福感と満足度は似ている．では，幸福感は満足度と一致しているのだろうか．幸福感と満足度を離散的な 2 値へとまとめた結果，幸福な人は 87.0%，満足した人は 73.6% となり，幸福な人のほうが 13.4% 多かった．これは**表 9.1** にある他の調査と，おおむね整合的である．

3.2 — クロス表

もし幸福感と満足度が完全に一致するなら，「不満がある人は全員が不幸」であり，「満足している人は全員が幸福」なはずである．ところが，オリジナルの選択肢である 4 値でクロス表をつくると，全体の 33.8% が不一致だった．**表 9.1** のとおり，世界価値観調査ではこれが 44.3%，生活の質に関する調査では 58.8% と，おおむね整合的である．

2 値ではどうだろうか．クロス表で全体パーセントをみると，一致していない人が全体の 14.8% いた（**表 9.3**）．世界価値観調査では 16.5%，生活の質に関する調査では 14.1% で，これもおおむね整合的である（**表 9.1** 参照）．

とくに，どこで不一致がおこるのか．2 値で行パーセントをみると，不満な人のうち 53.3% が幸福を感じており，その一方満足している人のうち 1.0% が不幸であった．世界価値観調査ではそれぞれ 37.6% と 2.7%，生活の質に関する調査では 54.7% と 2.6% だった．したがって，不満だが幸福な人で不一致がとくに多く，4-5 割ほどで安定しているようである．もともとさまざまな調査

9 章　なぜ幸福と満足は一致しないのか ── 157

表9.3 主観的幸福感と生活満足度のクロス表

		不幸	幸福	合計
不満	人数	35	40	75
	行%	46.7%	53.3%	100.0%
	全体%	12.3%	14.1%	26.4%
満足	人数	2	207	209
	行%	1.0%	99.0%	100.0%
	全体%	0.7%	72.9%	73.6%
合計	人数	37	247	284
	行%	13.0%	87.0%	100.0%

注）幸福は「非常に幸せ」と「やや幸せ」の合計．
満足は「非常に満足」と「やや満足」の合計．

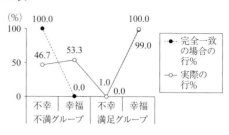

で，幸福な人のほうが満足な人より10%ほど多いことから，これは当然の結果といえる．

以上から，幸福感と満足度は，分布や相関係数からたしかに関連はしているが，不一致もまた多いことを確認できた．

3.3 ── グループ別の比較

それでは，幸福感と満足度というよく似た2つの心理は，どのような規定要因をもつのだろうか．そこで，グループ別に比較した（図9.4）．すると，カイ二乗検定の結果，既婚者ほど幸福感も満足度も有意に高かった．教育は，幸福感のみに有意に影響した．等価所得は，幸福感と満足度どちらも高める傾向があった．

3.4 ── ロジスティック回帰分析（仮説1, 2の検証）

グループのこうした効果は，諸変数で統制しても残るのだろうか．そこで，幸福ダミー（1＝「非常に幸せ」と「やや幸せ」の合計）と満足ダミー（1＝「非常に満足」と「やや満足」の合計）を従属変数とし，ロジスティック回帰分析を行なった（表9.4）．

その結果，階層的地位のうち短大卒以上だと幸福感は有意に高まるが（係数0.977，オッズ比2.7），従業上の地位，ホワイトカラー労働者であること，等

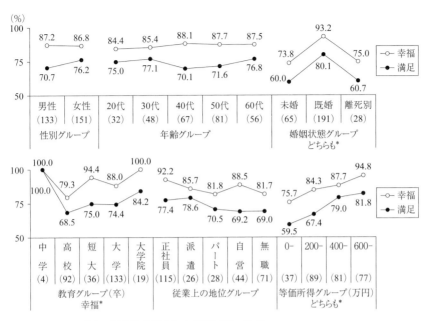

図 9.4 グループ別の主観的幸福感と生活満足度の比率

注）$N = 284$（一部グループで欠損あり）．（ ）内は人数．幸福は「非常に幸せ」と「やや幸せ」の合計，満足は「非常に満足」と「やや満足」の合計．正社員は公務員を，派遣は契約・嘱託社員を，パートはアルバイト・臨時雇用を，自営は自由業主・家族従業員・内職を，無職はその他を含む．カイ二乗検定で †$p<0.10$, *0.05, **0.01, ***0.001.

価所得には影響されなかった．オッズ比より，短大卒以上の人は，中高卒に比べて 2.7 倍幸福になりやすかった．

　満足度は，教育の影響を受けないが，無職だと有意に低下し（係数 −1.137，オッズ比 0.3），等価所得が 400 万円以上だと有意に上昇した（係数 0.638，オッズ比 1.9）．つまり，無職だと正規雇用者より（1 ÷ オッズ比 0.32 で）3.1 倍不満となりやすく，等価所得が 400 万円以上だと 1.9 倍満足しやすかった．

　属性のうち，既婚者ほど，同居者がいるほど，幸福を有意に感じやすかった．同居者がいるほど，有意に満足していた．

3.5 ── 頑健性のチェック

　幸福感と満足度をオリジナルの 4 値とし，線型回帰分析を行なったところ，幸福感への教育の効果が有意でなくなり，かわって非正規雇用と無職であるこ

表 9.4 幸福と満足を従属変数とした回帰分析結果

		ロジスティック回帰分析		線型回帰分析	
		従属変数		従属変数	
		幸福ダミー	満足ダミー	幸福4値	満足4値
属　性	女性ダミー	0.450	0.585 †	0.113 †	0.125 †
	年　齢	−0.024	−0.062	−0.113 †	−0.102
	既婚ダミー	1.120 *	0.797 †	0.277 ***	0.223 **
	同居ありダミー	1.162 *	0.982 *	0.111 †	0.121 †
	子どもありダミー	0.286	−0.086	0.020	−0.002
階層的地位	短大卒以上ダミー	0.977 *	0.323	0.024	0.032
	自営ダミー	−0.361	−0.609	−0.025	−0.066
	非正規雇用ダミー	−1.020 †	−0.455	−0.157 *	−0.103
	無職ダミー	−1.291 †	−1.137 *	−0.232 **	−0.275 **
	ホワイトカラーダミー	−0.195	−0.793 †	−0.043	−0.126
	等価所得400万以上ダミー	0.207	0.638 *	0.060	0.123 *
−2 対数尤度		182.6	295.9		
決定係数				0.170	0.152

注) すべて $N=284$. 幸福ダミーは 1 =「非常に幸せ」と「やや幸せ」の合計, 0 =それ以外. 満足ダミーは 1 =「非常に満足」と「やや満足」の合計, 0 =それ以外. 線型回帰分析の値は標準化係数. 幸福4値と満足4値はオリジナルの4値. † $p<0.10$, * 0.05, ** 0.01, *** 0.001.

とが有意な負の効果をもった (**表 9.4**). 満足度は, ロジスティック回帰分析と同じく無職でないことと等価所得が促進した.

なお, Layard (2005) に基づき統制変数に健康度, ストレス度を追加したり,「同居ありダミー」「子どもありダミー」をそれぞれ人数としても, おおむね同じ結果となった.

以上から, 仮説1, 2 ともにおおむね支持されたといえるだろう. とくに,「幸福か不幸か」「満足か不満か」と 2 値で捉えた場合, オリジナルの4値と比べて, 階層的地位の役割がより鮮明になった. 以上の分析結果をまとめると, **図 9.5** となる.

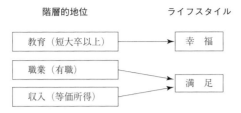

図 9.5　分析結果の要約
注）矢印は表 9.4 のロジスティック回帰分析における有意な正の効果（促進効果）を表す．

4 —— 考　察

4.1 —— 分析結果の要約

（1）質問形式とワーディングを厳密にそろえて測定したところ，分布から，幸福な人は満足な人より 13.4% 多く，クロス表から全体の 14.8% が「不満だが幸福」か「満足だが不幸」だった．とくに，不満な人のうち幸福な人は 53.3% と半分以上いた．このように，幸福感と満足度はかならずしも一致しなかった．

（2）ロジスティック回帰分析から，幸福感は教育（短大卒以上）に，満足度は職業（有職であること）と収入（等価所得 400 万円以上）に影響されやすかった．

したがって，リサーチ・クエスチョンにたいしてつぎのように回答できるだろう．これは，人びとが合理的に人的資本に投資するため，教育達成から長期的ウェル・ビーイングとして幸福感を，職業達成と収入達成から短期的ウェル・ビーイングとして満足度をえているためといえる．

リサーチ・クエスチョンへの回答．幸福感は階層的地位のうち教育によって，満足度は職業（正規雇用）と収入（等価所得）によって決まった．したがって，幸福感と満足度には，教育，職業，収入による偏りがあったので，「幸福格差」と「満足格差」があったが，規定構造が異なっていた．このように，幸福感と満足度では規定要因が異なるために，一致しなかったといえる．以上から，階層的地位（教育，職業，収入）は幸福感と満足度を通して，人びとのライフス

タイルを規定していた．

4.2 —— 理念型

大卒者は高卒者と比べ幸福を感じやすいが，満足に違いはないだろう．正社員で，等価所得が 400 万円以上（世帯収入なら家族 3 人として 400 万円 × $\sqrt{3}$ = 693 万円以上）ならば，そうでない人より 1.9 倍満足しやすいが，幸福感は同程度であろう．

4.3 —— よく似た姉妹

ここでは，はじめて質問形式とワーディングを厳密に対応させて，幸福感と満足度を測定した．その結果，それぞれの規定要因として，階層的地位の役割を解明することができた．

以上から，幸福感と満足度は異なる規定要因とメカニズムをもった別種の心理である可能性が高い．そのため，幸福感と満足度は，いわば「よく似た姉妹」のようなもので，一見すると見た目こそ似ているが，性格も嗜好も異なる別人なのかもしれない．そうだとすれば，幸福感を満足度で代替させることには，慎重さが求められるはずである．

4.4 —— 今後の課題

（1）この章では日本社会を対象とした．そこで，この結果を他の社会へも応用できるかを，国際比較によって確認する必要があるだろう（民主主義度と幸福感は Inglehart and Klingemann（2000），国際比較の必要性は Hommerich and Klien（2012）参照）．

（2）この章では量的データを分析したが，インタビュー調査や資料分析といった質的データを用いることも，幸福のメカニズムの解明に役立つだろう．筆者は 2016 年 2-3 月，フィリピンの首都マニラ近郊，インドネシアの古都ジョグジャカルタ近郊にて，「現在どれくらい幸福か，それはなぜか」をインタビューした（図 9.6）．その結果，教育レベルよりも，「家族で仲がよいか」「地域でサポートがあるか」といったことがとくに人びとの幸せを左右しているようだった（小林（2016b））．

図 9.6 フィリピンでのインタビュー調査(左),インドネシアでのインタビュー調査(右,一番右が筆者)

(3) イースタリンは「所得が増えても幸福感がかならずしも増加しない」という幸福のパラドクス(イースタリン・パラドクス)を指摘した.この章では,所得は長期的ウェル・ビーイングである幸福感より,短期的な満足度に効果をもつことを明らかにした.このようにウェル・ビーイングを概念的に区別することが,幸福のパラドクスのメカニズム解明に役立つかもしれない.

終章
豊かなライフスタイルの未来に向けて

1 ── ライフスタイル格差はあったのか

1.1 ── 分析結果の要約

　人びとは豊かな社会のなかで豊かなライフスタイルを，平等に送っているのだろうか．それとも，（教育や職業や収入による）どのような階層的地位グループにいるかによってライフスタイルに偏りがあって，ライフスタイル格差があるのだろうか．この謎を解くために，ライフスタイルの領域を9個に分けて，ここまで第1章～第9章で領域ごとに分析してきた．各章の分析結果を要約すると，**表 10.1** と **図 10.1** となる．

　（1）領域別にみると，ライフスタイルの9つの領域すべてで，（人びとの行動や心理に散らばりがあったため）それぞれ多様性があった．そのうえで，美容は階層的地位を規定し，他の8つの領域は（交互作用も含めて）階層的地位によって規定されていた．たとえば，美しさは，職業と収入を促進した（第1章）．収入が多い人ほど，趣味が多彩だった（第4章）．

　（2）規定要因別にみると，教育はほぼすべての領域を規定していた（第4章で趣味にたいしても頑健性チェックで効果を確認できた．ただし第6章で結婚への効果は男性のみ）．職業の規定範囲は，もっとも限られていて，結婚（男性のみ）と働き方に効果をもった．収入は，教育に続いて幅広い領域を規定していたが，食生活（第2章）や幸福（第9章）への効果は，ないことが確認された．

表 10.1　各章の分析結果の要約

章	領　域	カテゴリー	規定要因（有意な正の効果）	従属変数
1	美容	ウェル・ビーイング	美容	階層的地位（職業，収入）
2	食生活	文化活動	階層的地位（教育）	食生活
3	副菜	文化活動	階層的地位（教育，収入）	副菜
4	趣味	文化活動	階層的地位（収入）	趣味
5	恋愛	家族形成	交際人数と階層的地位（教育）	結婚
6	結婚	家族形成	階層的地位（教育，職業，収入）	結婚（男性のみ）
7	就職活動	キャリア形成	求職方法と階層的地位（教育）	就職
8	仕事	キャリア形成	階層的地位（職業，収入）	働き方
9	幸福	ウェル・ビーイング	階層的地位（教育）	幸福

注）「〜と〜」は交互作用を表す．

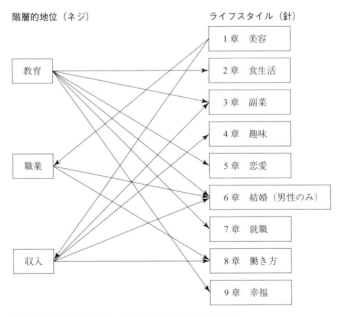

図 10.1　各章の分析結果の要約（ライフスタイルの規定構造）
注）矢印は表 10.1 における有意な正の効果（促進効果）を表す．交互作用を含む（5 章と 7 章）．

図 10.2　仮説の検証結果
注）矢印は因果関係を表す．

　（3）このように，ここまでで分析したライフスタイルの9領域で，階層的地位グループの間で偏りがあった．したがって，多様なライフスタイル格差があったといえる．

　そこで，序章で立てた仮説に，つぎのように検証結果を与えることができる（図 10.2）．

この本全体の仮説の検証結果（多様化の帰結としてのライフスタイル格差社会）．ライフスタイルの9領域ごとにライフスタイルが多様化し，さらに階層的地位グループによる偏りがあった．したがって，現代の日本社会には多様なライフスタイル格差が存在し，ライフスタイル格差社会となっていた．以上から，「ライフスタイル格差がある」という仮説が支持され，「ライフスタイル格差はない」という仮説は支持されなかった．

1.2 ── ライフスタイル格差の規定構造

　では，リサーチ・クエスチョンにどのように回答できるだろうか．ライフスタイル格差があるという仮説が支持されたため，ライフスタイル全体のメカニズムについてつぎのようにいえるだろう．

限定されたリサーチ・クエスチョンへの回答（ライフスタイル格差の規定構造）．教育，職業，収入における階層的地位グループによって，9つの領域ごとに多様なライフスタイル格差があった．とくに，教育がすべての領域に影響し，収入も幅広く効果をもったが，職業による偏りは限定されていた．これが，階層的地位グループを通した「ライフスタイル格差の規定構造」となっていた．

たしかに，この本で扱った9つの領域がライフスタイルすべてを網羅しているわけではない．それでも，ライフスタイルの一部分を切り取っていることは間違いない．そのため，もしライフスタイル全体で似たようなメカニズムが働いているのなら，他の領域でも上記の検証結果が当てはまるはずである．

1.3 ── 理念型

もし短大，大学，大学院卒だったり，収入が平均より高かったりすれば，うなぎや寿司など格の高い食べ物をよく食べ，野菜や海藻といった副菜を毎日摂り，趣味はクラシック音楽や美術館巡りから小説まで幅広いだろう．3人目の恋人と結婚し，縁故に頼ることなく安定した職場に就職した．仕事で手を抜くことはないが，その分ワーク・ライフ・バランスはあまりよくない．とはいえ，十分に幸福を感じているし，日々の生活に満足もしていることだろう．

一方，もし中学や高校卒だったり，収入が平均より低かったりするならば，ポテトチップやカップ麺などの大衆的な食べ物を好み，野菜や海藻を食べる機会が少ない．趣味としてクラシック音楽，美術館，小説のどれかを楽しむが，複数にまたがることはない．多くの恋人と交際するほど結婚しやすく，就職活動では縁故に頼ることもある．仕事ではときに手抜きをするかもしれないが，かえってワーク・ライフ・バランスはよい．幸福感や生活満足度は，おおむね高くない．

1.4 ── ライフスタイル時計をはめる

たとえていえば，ライフスタイルとはいくつかのネジ（リューズ）と，ライフスタイル領域という針のついた，手巻きの機械式時計のようなものかもしれない．1つのネジは教育のような階層的地位の1つを，1つの針はライフスタイルの1領域を表す．これをかりに「ライフスタイル時計」とよぼう．

針が多いので，ストップ・ウォッチや温度計などもついたクロノグラフ（クロノメーター）が，イメージに近いだろう（図 **10.3** 上）．この本では，教育，職業，収入という3つのネジと，「美容の針」「恋愛の針」「仕事の針」「幸福の針」など9つの針がついたライフスタイル時計を想定し，その内部メカニズムを分析してきた．

図 10.3 ライフスタイル時計のイメージ(上),メカニズム(下)

注)イメージのリューズのネジは原因を,時計の針は結果を意味する.針は各章の領域に対応し,「美容の針」「食生活の針」「副業の針」「趣味の針」「恋愛の針」「結婚の針」「就職活動の針」「仕事の針」「幸福の針」の9つの針から構成される(このイラストでは3つのネジと7つの針がある).矢印は因果関係を表す.

人によって,(教育と収入が幸福度を高めるように)複数のネジが連動して針を動かすこともあれば,連動しないこともあろう.(第2章で食生活が収入に影響されなかったように)ネジが空回りすることもある.人によって,(恋愛と結婚の針のように)複数の針が連動していることもあれば,連動していないこともあるだろう.

2 ── なぜライフスタイル格差社会なのか

2.1 ── 個人間格差とグループ間格差

では,なぜライフスタイルに多様性があると,ライフスタイルが人びとの間で平等ではなく格差があるのだろうか.ここで,個人間の格差とグループ間の格差を区別したうえで,シミュレーションしてみよう.

美術館に行くかどうかを,例にする(架空の例).「美術館に行かない」と「美術館に行く」の2つの選択肢だけがあり,どちらかから選ぶとする.ここでは,(高卒以下グループと短大卒以上グループや正規雇用グループと非正規雇用グループのように)階層的地位グループが,同じ人数で2つある場合を考えてみる.ここで,個人間格差とグループ間格差を以下のように定義しておこ

終章 豊かなライフスタイルの未来に向けて ── 169

う．

定義（個人間格差とグループ間格差）． 人びとの行動や心理に，個人間で散らばりがあるとき「個人間格差がある」といい，散らばりがまったくないとき「個人間で平等である」という．グループごとに分布を比べたとき分布の形（やその結果としての平均）に違い・偏り（ズレ）があるとき，「グループ間格差がある」といい，違い・偏りがまったくないとき「グループ間で平等である」という．

これを用いれば，序章の「階層格差」の定義は，「階層的地位によるグループ間格差がある」と言いかえることができる．収入のように，個人間格差があること自体が問題となる場合もある．

2.2 — シミュレーションによる4つの社会像：平等社会と階層化社会，個人化社会と格差社会

では，ライフスタイルに格差がなく平等であるような社会は，ありうるのだろうか．ここで，完全にライフスタイルが平等な場合と完全に不平等な場合とを，つぎのように定義しておこう（**表10.2**，**図10.4**）．どちらも極端な理念型であり，現実に存在するわけではない．なお，以下の検討は論理的なものなので，ライフスタイルに限らずどのような格差についても当てはまるはずだ．

定義（平等社会と階層化社会）． 個人間格差もグループ間格差もまったくない場合，そうした社会を「平等社会」とよぶ．これにたいし，個人間格差があっても，グループに分けたらグループ内で個人間格差がまったくなく，グループ間格差だけがある場合，そうした社会を「階層化社会」とよぶ．

ライフスタイル平等社会では，**図10.4**上左のように全体の分布が一本の棒となり，全員が完全に同じライフスタイルを実践する．その結果，グループに分けても，グループ間で格差も多様性もいっさいない．個人レベルでもグループレベルでも，完全に平等で一様な状態である．

表 10.2 格差の有無に基づく 4 つの社会像

個人間格差	グループ間格差	
	な い	あ る
な い	平等社会	階層化社会（ハードな格差社会）
あ る	個人化社会	格差社会（ソフトな格差社会）

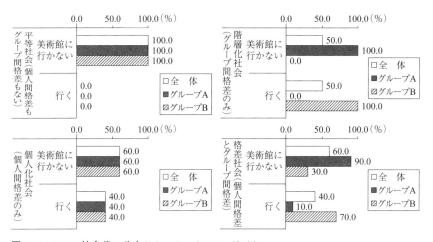

図 10.4 4 つの社会像の分布シミュレーション（架空）
注）表 10.2 における 4 社会像に対応している．グループ A と B は同じ人数いて，グループは教育，職業，収入のどれかによる階層的地位グループと仮定する．

　ライフスタイル階層化社会では，たしかに個人間に多様性はある（図 10.4 上右）．しかし，グループ内に限ってみると，ライフスタイルは一様である．いわば，教育グループや職業グループが軍隊のように団結して，グループごとの違いはあるが，グループ内ではいっさいの自由がない状態である．階層的地位グループというネジ「しか」効かない社会といえる．統計的には，グループによって，個人のライフスタイルの散らばりを完全に説明できることを意味する．
　さらに，つぎの 2 つの社会を理念型として想定できる．これで，論理的にすべての類型を網羅できる．

図 10.5　4 つの社会像の関連
注）矢印は論理的な関係を表す．表 10.2 における 4 社会像に対応している．

定義（個人化社会と格差社会）．個人間格差はあるがグループ間格差がまったくない場合，そうした社会を「個人化社会」とよぶ．個人間格差もグループ間格差もある場合，そうした社会を「格差社会」とよぶ．

　個人化社会には，個人ごとにライフスタイルの多様性がある（図 10.4 下左）．ただし，多様化が個人レベルのみでランダムに起こったため，多様性がグループとは完全に独立であり，グループ間では一様である．そのため，グループごとに同じ比率で美術館に行ったり行かなかったりすることになる．いわば，階層的地位グループというネジが，まったく効かない社会といえる．統計的には，グループによって，個人の散らばりをまったく説明できないことを意味する．ベックにならい，こうした状況を「個人化している」と捉えよう（Beck (1986)）．

　格差社会はどうか．個人間で多様であり，さらにグループ間にも多様性がある（図 10.4 下右）．したがって，全体でみて美術館に行く人と行かない人がいるし，さらにグループごとにも美術館に行く人と行かない人の比率が異なっている．いわば，ネジがある程度効くが，完全に効いているわけではない．

　こうして整理してみると，平等社会と格差社会は，「個人間格差があるか」と「グループ間格差があるか」という 2 つの軸を想定したとき，対極に位置することが分かる．2 つの社会の間に，個人化社会と階層化社会が挟まれている（図 10.5）．

　ただし，ここでいう格差社会には，グループ間の違いだけでなく，個人間の違いもあることに注意したい．つまり，ライフスタイルの選択が個人の決定だけで決まるわけではないが，かといって階層的地位グループだけで決まるのでもない．統計的には，個人のライフスタイルの散らばりを，グループでもある

程度説明できるが，すべて説明できるわけではないことを意味する．もしどのグループに所属しているかですべて決定されるなら，それは階層化社会ということになる．

その意味で，ここでいう格差社会は緩やかで「ソフトな格差社会」といえるだろう．これにたいして，階層化社会は階層的地位グループのみですべてが決まってしまうので，グループ間格差がもっとも厳しい「ハードな格差社会」ともいえる．

2.3 ── 現代の日本社会はどれか

第1章から第9章での分析の結果，現代の日本社会はこのうちどれに近いのだろうか．まず，各章の分析から，どの領域でも（分布の散らばりから）個人間格差があった（厳密には多変量解析でグループの効果を統制しても個人間の散らばりが残った）．したがって，平等社会と階層化社会ではなかった．

つぎに，（階層的地位グループ別の比較により）グループ間格差があった（厳密には多変量解析でグループの有意な効果があった）．したがって，個人化社会ではなかった．以上から，この本全体のリサーチ・クエスチョンの前半につぎのように回答できる．

この本全体のリサーチ・クエスチョンへの回答（ライフスタイル格差，多様性のパラドクス）．ライフスタイルが多様化した結果，ライフスタイルに個人間格差もグループ間格差もあったため，現代の日本社会はライフスタイル格差社会となっていた．したがって，人びとが平等な形で豊かなライフスタイルを実践しているわけではなかった．ただし，階層化社会ではなかったので，階層的地位グループによる偏りがありつつも，個人ごとの違いもある．

社会が多様化すれば，それまで選択できなかったことができるようになるため，ライフスタイルが平等になる可能性もある．しかし，現実にはライフスタイル格差社会となっていた．けっして平等社会ではなかったし，個人化社会でも階層化社会でもなかった．この状況は「多様性のパラドクス」とよべるだろ

う．

　したがって，多様性は格差と対立するものでは，かならずしもなかった．むしろ，多様性と格差は表裏一体なのかもしれない．そうであるなら，格差とは多様性の現れであり，代償とすらいえる．

　これまで，社会的不平等研究（社会階層研究）では「社会が産業化して豊かになれば，平等化が進むだろう」という産業化仮説が検討されてきた（安田（1971），Featherman and Hauser（1978）など）．多様性のパラドクスは，産業化が進んでも，かならずしも平等社会となるわけではないことを示唆している．

3 ── どのような未来がライフスタイルにあるのか

3.1 ── 多様な社会はどのような未来に向かうのか

　では，どうすれば豊かなライフスタイルを送ることができるのか．現代日本のような成熟した豊かな社会には，どのようなライフスタイルが相応しいのだろうか．そのために，今後我われにどのようなライフスタイルの未来がありうるのかを，構想（想像）してみよう．

　戦後の日本社会では，経済的にも文化的にも豊かになった結果，ライフスタイルが多様化し，人びとが自由に決定できる幅が拡がった．かつて音楽も美術も限られた人向けだったのが，現代ではだれでも楽しむことができる．こうしたライフスタイルの多様性（ひいては社会の多様性）は，今後も拡大されつづけるだろうし，そうでなければならないだろう．

　そうだとすれば，ライフスタイル平等社会とはならないはずだ．定義から，平等社会には多様性がいっさいなく，人びとは選択の余地なく同じライフスタイルしか実践できない．したがって，平等社会では個人間でもグループ間でも人びとは平等ではあるが，「ライフスタイルが多様であってはいけない」ことが要求される．

　同じ理由で，階層化社会ともならないだろう．階層化社会でも（グループ内での）個人間格差がないため，平等社会と同様に個人ごとの多様性が禁止されてしまう．

　それでは，個人化社会はどうか．ここには，個人間での多様性がある．と同

図 10.6 ライフスタイルの未来の場合分け
注）矢印は因果関係を表す．

時に，グループ間格差がないため，階層グループによってライフスタイルに違いがなく平等である．つまり，個人化社会ではグループが異なっても，（美術館に行く人と行かない人などの）分布に偏りがなく同じとなる．「ライフスタイルが多様でありながら，階層格差がない社会」であるといえる．ただし，第1章〜第9章で分析したとおり，現代日本ではライフスタイルは教育をはじめ職業や収入による階層的地位グループによって，おおきく偏っていた．

　そのため，ライフスタイルの1つの未来は，階層的地位グループの役割にこれから変容が起こって，効果が減少していく場合である．そうなると，グループ間格差が縮小するので，社会は個人化社会へと向かっていく可能性がある（図 10.6）．ライフスタイルが多様でありながら階層格差のない社会は，この条件のときに可能となる．

　もう1つの未来は，階層的地位グループによる偏りが維持されたり，むしろ拡大したりする場合である．すると，社会は現在のような格差社会のままとならざるをえない．この場合，さまざまな違いを，個人レベルでもグループ間でも受けいれなくてはならない．その分，階層的地位グループだけでなく，性別，年齢，地域といったグループごとにさまざまなライフスタイルが形成されたり，下位文化（サブカルチャー）など多彩な文化が花開いたりするかもしれない．こうして，この本全体のリサーチ・クエスチョンの後半部分に，以下のように回答を与えることができよう．

命題（ライフスタイルの未来の場合分け）．もし階層的地位グループの間の格差が減少するならば，個人化社会に向かうだろう．その結果，（個人間格差があるため）人びとは多様なライフスタイルを実践するが，（グループ間格差が

ないため）どのグループに所属しても同じようなライフスタイルを実践できる．このとき，ライフスタイルが多様でありながら，階層格差はなくなる．一方，もしグループ間格差が維持・拡大されるなら，格差社会が続くだろう．その結果，（個人間格差があるため）人びとは多様なライフスタイルを実践し，さらに（グループ間格差があるため）どのグループに所属しているかでライフスタイルが異なる．

3.2 —— 個人化社会と格差社会におけるライフスタイル

　第1のシナリオどおり個人化社会が実現したら，どのようなライフスタイルとなるだろうか．個人化社会では，人びとのライフスタイルは個人の意思のみで決まり，グループに影響されない．その結果，どのような学歴か，どのような仕事をしているか，どれくらい収入があるのかにかかわらず，人びとはライフスタイルを自由に選ぶことができる．

　そうなると，ライフスタイルの領域ごとに「うなぎなど格の高いものばかり食べるが，パチンコのような大衆文化が好きで，しかし美容には力を入れる」といったように，ライフスタイルに一貫性がなくなることだろう．その結果，「自分は中流だろう」とか「上流だろう」といった階層的地位についてのアイデンティティ（階層帰属意識という）の形成が，曖昧になって消失するかもしれない（これ自体はよいことでも悪いことでもない）．

　たしかに，個人化社会は多様なのに階層格差のない社会である．ただし，グループごとにライフスタイルの違いがないので，下位文化が発達したり，グループごとに独自のライフスタイルが展開することは，残念ながら期待できない．また，実現するためには「階層的地位グループによる偏りが減少することが条件となる」という大きなハードルがあった．

　そのため，より現実的なのは第2のシナリオであり，格差社会が続くことである．格差社会では，個人が自由にライフスタイルを決定しつつも，（教育グループを軸に）所属グループによってライフスタイルが少しずつ異なっている．たとえば，あるグループは「格の高い食べ物をよく食べ，美術館など高級文化を楽しみ，美容を意識して生活する」かもしれない．その結果，階層的地位がライフスタイルと結びつきやすくなるので，「自分はこういうライフスタイル

を送っているから上流だろう」とか「こういうライフスタイルだから中流かな」といったように，アイデンティティ形成が明確で強固となっていくことだろう（これ自体もまた，よいことでも悪いことでもない）．

3.3 ── 極地から温暖な土地へ旅をする

そもそも多様性という価値は，ときに平等という価値とバッティングする．その結果，ライフスタイルに多様性があるなら，どうしてもある程度の格差を受けいれざるをえないのだろう．したがって，重要なのはどのようにバランスをとるかである．

たとえていえば，平等社会，階層化社会，個人化社会は，地球上における北極や南極といった「極地」のようなものである．空気はきれいかもしれないが，気候が厳しすぎて人が快適に住むには適さない．では，人間が居住しているのはどこか．空気は汚いが，より温暖な地域のほうである．同じように，豊かなライフスタイルを実践するには，一度極地を離れて，格差社会という雑多だが人間くさい土地を目指す必要があるのかもしれない．

そうだとすれば，多様なライフスタイルを人びとが享受するには，ある程度の個人間格差とある程度のグループ間格差を伴った社会を，我われには受けいれることが求められているのかもしれない．ただし，北極と南極の間にはルートが無数にあり，さまざまな土地がある．同様に，格差社会にもさまざまなあり方やレベルがあって，正解はないのだろう．これが，豊かで多様化した現代社会における，新しい格差状況といえそうだ．

その結果，これまでの「平等社会か格差社会か」や「総中流社会か総格差社会か」といった問いの立て方を見直して，転換する必要があるのかもしれない．たとえば，以下のようなリサーチ・クエスチョンをあらたに立てることができる．

今後のリサーチ・クエスチョン（格差の条件）．豊かで多様な社会は，豊かで多様なライフスタイルを確保するために，格差社会とならざるをえないのか．もしそうなら，どこまでの格差が社会にとって許容されるべきなのか，どこからは許容されてはいけないのか．

豊かなライフスタイルとは，ある程度の個人間格差とグループ間格差を認めつつ，多様性を育むことでこそ可能となるのかもしれない．こうした問いを探求しつづけることは，成熟した豊かな社会に生きる我われの権利であり，義務でもあろう．

4 ── 今後の課題

　(1) この本では，9つの領域ごとに格差があるのかを分析した．しかし，音楽，スポーツ，人間関係，嗜好品，健康など，扱えなかった領域も多い．また，「あるグループはなにをよく食べ，どのような恋愛をし，どのように幸福を感じているのか」といった領域横断的なライフスタイルの全体像も，（領域ごとにデータが異なっていたため）描くことが難しかった．さらに，世代を超えてライフスタイル格差が継承されるのか，それが機会の平等を損なっていないか，時系列でどのように変化してきたのかなどが，課題として残っている．

　(2) 序章でライフスタイルを定義するとき，ライフコースを1時点で切り取ったものとみなした．いわば，ライフコースをある時点で微分したものといえる．ということは，ライフスタイルを時間軸に沿って動かし積分していけば，ライフコースを構成できるはずである．このように，ライフスタイルとライフコースは不可分なものなので，橋渡しできればより膨らみのある分析となるだろう．

　(3) この本では，理論として合理的選択理論の立場から分析してきた．ある理論は，特定の世界観や人間観を前提とする．そこで，今後は別の理論的パースペクティブからもアプローチし，同じような結果が得られるのかを蓄積する必要があろう．

　(4) また，この本では方法としてアンケート調査データを統計分析した．このような量的データに加え，（第9章でインタビュー調査結果を紹介したように）インタビュー調査やフィールド調査や資料分析といった質的データを実施することもできる．もしそうして補うことができれば，「混合研究法」となり，ライフスタイルをより複眼的に解明することが可能となろう．

付録　2015年暮らしについての西東京市民調査　調査票

　どのようにデータ収集したかのイメージが湧くよう，第1章で使用した調査票をここに掲載する．実施者は筆者で，成蹊大学文学部現代社会科学の授業「社会調査演習」の一環として，2015年6月に郵送調査が実施された．

第7回　暮らしについての西東京市民アンケート SEIKEI

成蹊大学アンケート管理番号　文２０１５－００－１

実施　成蹊大学社会調査士課程室
代表　文学部教授　小林　盾（こばやしじゅん）（著書「データで読む日本文化」他）
（保谷小学校、ひばりが丘中学校卒業、1968年3月生まれ）
TEL０４２２－３７－××××　月曜、木曜１０～１７時

■このアンケートの目的は？
・西東京市民のみなさんが、暮らしについてどのようにお考えかを調べています。回答を集計することで、人びとの生活の多様性を明らかにします。
・２００９年に始まり、7回目になります。成蹊大学「社会調査演習」という授業の一環として行っています。強制ではありませんが、どうかご理解のうえご協力をお願いいたします。
・お礼として<u>図書カードとボールペン</u>を同封しました。ご利用ください。

■どうして私が選ばれたのですか？
・アンケート対象者のみなさんは、２２歳から６９歳までの西東京市民５００人です。
・市役所に選挙人名簿の閲覧申請をしましたところ、公職選挙法第２８条の３に基づいて許可されました。「プライバシーに関わる個人情報は決して漏らさない」という誓約書を提出したうえで、「何人おき」という形で個人を選びました。

■私のプライバシー保護はどうなっていますか？
・みなさんのプライバシーは、<u>個人情報保護法</u>に基づいて厳重に管理します。
・対象者リストと回答用紙は、アンケートが終わりしだいシュレッダーで廃棄します。

■どのように回答と返送をすればよいですか？
・回答は１０分ほどです。<u>宛て名のご本人様</u>が回答ください。数字に「〇」をつけてください。

例　　①　ある　　　　ある　ない
　　　２　ない　　　　１　　②

・返信用封筒に入れてお送りください。<u>差出人住所・氏名は記入しない</u>でください。

　　恐れいりますが、６月２９日（月）までにご返送ください

■アンケート結果はどのように公開されるのですか？
・２０１６年３月ごろ報告書として公開します。市役所、市内図書館にも提出します。

あなたと地域との関わりについて、おたずねします

問1 まず、あなたの性別と年齢を、お聞かせください（○はそれぞれ1つ）

1 男	0 女

2 20代	3 30代	4 40代	5 50代	6 60代

問2 2020年東京オリンピックで、もっとも関心のある競技に、どのように関わりたいですか（○は<u>いくつでも</u>）

1	仕事として関わる	4	パブリック・ビューイングで観戦	7	記念グッズを購入
2	ボランティアをする	5	テレビで観戦	8	その他（具体的に　　　　）
3	生で観戦	6	競技結果だけ知りたい	88	とくに関わらない

問3 では、2020年東京オリンピックについての以下の意見に、賛成しますか（○は<u>いくつでも</u>）

1	成功させるために、できるだけ税金を投入するべきだ	5	わざわざ開催しなくても、よかったかもしれない
2	日本人を、いちばん応援するべきだ	6	その他（具体的に　　　　）
3	パラリンピックにも、関心をもつべきだ		
4	税金の無駄づかいに、なるかもしれない	88	どれも賛成しない

問4 あなたが関東に住んでいる間に、大きな地震が起こると思いますか（○は1つ）

絶対に起こらない 1	2	3	4	5	かならず起こる 6

問5 2011年東日本大震災のとき、どのようなことで困りましたか（○は<u>いくつでも</u>）

1	家族と、連絡がとれなくなった	5	家（の一部）が壊れた
2	家の中で、上から物が落ちてきた	6	その他（具体的に　　　　）
3	非常用の食料や飲料がなかった		
4	家具が転倒した	88	とくにない

問6 それでは、現在どのような地震対策をしていますか（○は<u>いくつでも</u>）

1	家族と、緊急の連絡方法を決めている	5	家に耐震補強の工事をする
2	家の中で、上に物をおかない	6	家の地震保険に加入する
3	非常用の食糧や飲料を備蓄する	7	住む土地や場所を選ぶ
4	家具を転倒防止グッズで固定する	88	とくにない

あなたの普段の生活について

問7 あなたは現在、どれくらい生活に満足していますか（○は1つ）

不満									満足
1	2	3	4	5	6	7	8	9	10

問8 これまでの生活で、なにをとくに大切にしてきましたか（○はいくつでも）

1 仕事	3 友人	5 自分の健康	7 その他（具体的に　　　）
2 家族	4 恋愛	6 自分の美容	88 とくに ない

問9 あなたは普段、年にどれくらい1泊以上の旅行をしますか（出張含む）（○はそれぞれ1つ）

国内旅行は…	0	1	2	3	4	5	6	7	8	9	10回以上
海外旅行は…	0	1	2	3	4	5	6	7	8	9	10回以上

問10 これまで、以下の場所へいったことがありますか（出張や修学旅行含む）（○はいくつでも）

1 東京ディズニー・ランド	7 日光	13 紀伊山地	19 知床
2 東京ディズニー・シー	8 富岡製糸場	14 姫路城	20 白神山地
3 ユニバーサル・スタジオ・ジャパン	9 富士山	15 原爆ドーム	21 小笠原諸島
4 サンリオ・ピューロランド	10 白川郷	16 厳島神社	22 屋久島
5 （どこでも）パワースポット	11 京都	17 石見銀山	
6 平泉	12 法隆寺	18 首里城跡	88 どれもない

問11 これまで、以下の国へいったことがありますか（仕事や修学旅行含む）（○はいくつでも）

1 韓国	5 タイ	9 オーストラリア	13 フランス	17 海外のディズニーランド
2 香港	6 フィリピン	10 アメリカ	14 ドイツ	18 その他（具体的に
3 中国	7 インドネシア	11 カナダ	15 オランダ	）
4 台湾	8 シンガポール	12 イギリス	16 イタリア	88 どれもない

問12 これまで、以下の場所にどれくらい旅行したり（通過のぞく）、住んだことがありますか

47都道府県のうち…　[　　]　都道府県

世界の国のうち…　[　　]　か国（日本以外）

問13 あなたにとって「旅行」とは、一言でいうと何ですか

　　　　旅行とは… ☐

あなたの健康や美容について

問14 現在の健康状態やストレスは、どれくらいですか（○はそれぞれ1つ）

健康状態は…	悪い 1	2	3	4	5	6	7	8	9	良い 10
ストレスは…	ある 1	2	3	4	5	6	7	8	9	ない 10

問15 あなたの身長と体重は、どれくらいですか（○はそれぞれ1つ）

現在の身長	140以下	145	150	155	160	165	170	175	180	185以上	センチ
20歳時の体重	40以下	45	50	55	60	65	70	75	80	85以上	キロ
現在の体重	40以下	45	50	55	60	65	70	75	80	85以上	キロ

問16 かりに現在の日本社会が、ルックス（顔）で上から下まで次のようなグループに分かれるとすれば、人びとは以下の方をどれに入れると思いますか（○はそれぞれ1つ）

	下									上	いない
20歳時のあなた	1	2	3	4	5	6	7	8	9	10	
現在のあなた	1	2	3	4	5	6	7	8	9	10	
中学卒業後、最初の恋人	1	2	3	4	5	6	7	8	9	10	88
現在の配偶者	1	2	3	4	5	6	7	8	9	10	88

問17 普段、美容のためにどのようなことをしていますか（○はいくつでも）

1　清潔感を維持する	4　メイクを工夫する	7　男らしさ・女らしさを意識する
2　ファッション雑誌をよむ	5　スキン・ケアをする	8　その他（具体的に　　　）
3　ヘア・スタイルに気を使う	6　ダイエットをする	88　とくにない

問18 あなたは、できれば何才くらいにみられたいですか（○は1つ）

1　10代以下	2　20代	3　30代	4　40代	5　50代	6　60代	7　70代以上

あなたのお考えについて

問19 あなたは現在、どれくらい幸せですか（○は1つ）

不幸									幸せ
1	2	3	4	5	6	7	8	9	10

問20 かりに現在の日本社会が、<u>性格で</u>上から下まで次のようなグループに分かれるとすれば、人びとは以下の方をどれに入れると思いますか（○はそれぞれ1つ）

	下								上		いない
20歳時のあなた	1	2	3	4	5	6	7	8	9	10	
現在のあなた	1	2	3	4	5	6	7	8	9	10	
中学卒業後、最初の恋人	1	2	3	4	5	6	7	8	9	10	88
現在の配偶者	1	2	3	4	5	6	7	8	9	10	88

問21 あなたには、以下のことがどれくらい当てはまりますか（○はそれぞれ1つ）

	当てはまらない									当てはまる
他人に優しい	1	2	3	4	5	6	7	8	9	10
感情が安定している	1	2	3	4	5	6	7	8	9	10
チャレンジ好きだ	1	2	3	4	5	6	7	8	9	10
勤勉だ	1	2	3	4	5	6	7	8	9	10
人づきあいが得意だ	1	2	3	4	5	6	7	8	9	10
自分に自信がある	1	2	3	4	5	6	7	8	9	10

問22 かりに現在の日本社会を、上から下まで10の層に分けるとすれば、あなた自身はどれに入ると思いますか（○は1つ）

下									上
1	2	3	4	5	6	7	8	9	10

あなたの家族について

問23 あなたは現在、結婚していますか（○は1つ）

1	結婚している	3	これまで結婚したことがない
2	今は結婚していない（離別、死別した）		

問24 結婚したことがある場合、現在（または最近）の配偶者とどのように出会いましたか（○は1つ）

1	恋愛（中学卒業後、最初の恋人と同じ人）	4	その他（具体的に　　　　）
2	恋愛（中学卒業後、最初の恋人と違う人）		
3	見合い	88	これまで結婚したことがない

問25 あなたには、以下の人が何人いますか（○はそれぞれ1つ）

自分を除いて~人と同居（1人暮らしは0）	0	1	2	3	4	5	6	7	8以上
子供が~人いる（別居含む）	0	1	2	3	4	5	6	7	8以上
これまで~人と結婚した	0	1	2	3	4	5	6	7	8以上
中学卒業から最初の結婚まで、~人に告白した（配偶者含む）	0	1	2	3	4	5	6	7	8以上
中学卒業から最初の結婚まで、~人から告白された（配偶者含む）	0	1	2	3	4	5	6	7	8以上
中学卒業から最初の結婚まで、~人と恋人として交際した（配偶者含む）	0	1	2	3	4	5	6	7	8以上

問26 以下の人と交際や結婚をスタートするとき、どのような魅力を感じましたか（〇は<u>いくつでも</u>）

	性格	社交性	ルックス（顔）	男らしさ・女らしさ	経済力	職業	学歴
中学卒業後、最初の恋人	1	2	3	4	5	6	7
現在の配偶者	1	2	3	4	5	6	7

アンケート整理のために、あなたご自身についておたずねします

問27 あなたが通った学校に、<u>すべて</u>〇をつけてください（中退、通学中も）（〇は<u>いくつでも</u>）

| 1 中学校 | 3 短大 | 5 大学院 | 7 その他（具体的 |
| 2 高校 | 4 大学 | 6 専門学校 | に　　　　　） |

問28 あなたは現在、どのような形で働いていますか（〇は1つ）

1 自営業主、自由業者、家族従業員、内職	4 パート、アルバイト、臨時雇用
2 正社員、正規の公務員	5 その他（具体的に　　　　　　）
3 派遣社員、契約社員、嘱託社員	89 仕事をしていない（専業主婦、学生、無職）

問29 あなたの現在の仕事について、以下のことが当てはまりますか（〇は<u>いくつでも</u>）

1 役職が課長相当である	4 勤め先の従業員が、300人以上（支社含む）
2 役職が部長、役員、社長、理事相当である	88 どれも当てはまらない
3 勤め先の従業員が、自分1人だけ	89 仕事をしていない（専業主婦、学生、無職）

問30 現在仕事をしている方は、どのような仕事をしていますか。どこに分類できるか分からない場合は、7に〇をつけて、具体的な仕事内容を書いてください（〇は1つ）

1 農林水産業
2 現場職（職人、建設作業員、工場作業員、タクシー運転手、警備員、清掃員など）
3 サービス・販売職（ウェイター、販売員、ヘルパー、美容師、営業員、飲食店主など）
4 事務職（総務、経理、人事、企画、受付、入力、営業補助など）
5 専門職（医師、看護師、教師、編集者、税理士、コンサルタント、技術者など）
6 管理職（社長、企業や官公庁の課長以上、団体の役員、議員など）
7 その他（具体的に　　　　　　　　　　　　　　　）

89 仕事をしていない（専業主婦、学生、無職）

問31 過去1年間で、あなたのお宅の収入は、税込みでいくらぐらいでしたか。他の家族分も含めてください（年金、株式配当、臨時収入、副収入なども）（○は1つ）

1 なし	4 400～599万円	7 1000～1199万円	10 1600万円以上
2 1～199万円	5 600～799万円	8 1200～1399万円	
3 200～399万円	6 800～999万円	9 1400～1599万円	

ご協力大変ありがとうございました。返信用封筒に入れてお送りください

もしこのアンケートや成蹊大学についてご意見ご感想がございましたら、ぜひお聞かせください。可能なかぎり、関係者にお伝えします

文　　献

石田浩・近藤博之・中尾啓子編，2011，『現代の階層社会2　階層と移動の構造』東京大学出版会．

石田光規・小林盾，2011，「就職におけるネットワークの役割：戦略的資源かサポート資源か」石田浩・近藤博之・中尾啓子編『現代の階層社会2　階層と移動の構造』東京大学出版会．

打越文弥，2016，「分析社会学の理論構造：社会学における理論と経験的研究の統合のために」『理論と方法』31(2): 292-302．

NHK「日本人の性」プロジェクト編，2002，『データブック　NHK日本人の性行動・性意識』日本放送出版協会．

NHK放送文化研究所世論調査部編，2008，『日本人の好きなもの：データで読む嗜好と価値観』日本放送出版協会．

大浦宏邦，2008，『社会科学者のための進化ゲーム理論：基礎から応用まで』勁草書房．

大竹文雄・白石小百合・筒井義郎編，2010，『日本の幸福度：格差・労働・家族』日本評論社．

小倉千加子，2003，『結婚の条件』朝日新聞出版．

男の婚活研究会，2014，『はじめての男の婚活マニュアル』秀和システム．

籠谷和弘・小林盾・秋吉美都・金井雅之・七條達弘・友知政樹・藤山英樹，2013，『ソーシャル・メディアでつながる大学教育：ネットワーク時代の授業支援』ハーベスト社．

片岡栄美，1998a，「文化の構造と文化消費者：文化活動の諸類型と社会階層の対応を中心に」片岡栄美編『文化と社会階層』1995年SSM調査シリーズ18．

片岡栄美，1998b，「文化弁別力と文化威信スコア：文化評価の構造と社会階層」片岡栄美編『文化と社会階層』1995年SSM調査シリーズ18．

片岡栄美，2000，「文化的寛容性と象徴的境界：現代の文化資本と階層再生産」今田高俊編『日本の階層システム5　社会階層のポストモダン』東京大学出版会．

片岡栄美編，1998，『文化と社会階層』1995年SSM調査シリーズ18．

金井雅之，2012，「結婚と子育て支援にかんする東京都民調査：標本設計と回収状況」『専修人間科学論集社会学篇』2(2): 185-90．

金井雅之・小林盾・大浦宏邦, 2007, 「近代組織におけるフリーライダーの抑制：対戦相手変更コストが協力行動の促進に果たす役割」『理論と方法』22(2): 205-25.
金井雅之・小林盾・渡邉大輔編, 2012, 『社会調査の応用：量的調査編　社会調査士E・G科目対応』弘文堂.
苅谷剛彦, 1991, 『学校・職業・選抜の社会学』東京大学出版会.
北村文・阿部真大, 2007, 『合コンの社会学』光文社.
吉川徹, 2014, 『現代日本の「社会の心」：計量社会意識論』有斐閣.
元治恵子・都築一治, 1998, 「職業評定の比較分析：威信スコアの性差と調査時点間の差異」都築一治編『職業評価の構造と職業威信スコア』1995年SSM調査シリーズ5.
厚生労働省, 2005, 『雇用動向調査』.
小林盾, 1992, 「様相・行為・ルール」『ソシオロゴス』16: 35-51.
小林盾, 1994, 「ダブルコンティンジェンシーの出口」『ソシオロゴス』18: 66-78.
小林盾, 1995, 「コミュニケーションの接続動学モデルと伝達静学モデル」『ソシオロゴス』19: 172-81.
小林盾, 1997, 「リベラルパラドクスとしての脳死問題」『ソシオロゴス』21: 79-94.
小林盾, 1998, 「全員一致の合意の条件」『ソシオロゴス』22: 92-100.
小林盾, 1999, 「多様な評価原理からの全員一致：繰り返し評価形成モデル」『理論と方法』14(1): 125-40.
小林盾, 2000, 「合意形成における評価戦略の進化」『理論と方法』15(1): 181-96.
小林盾, 2002, 「社会規範の数理社会学に向けて」『理論と方法』17(2): 183-94.
小林盾, 2006, 「学歴かコネか：社会階層研究におけるネットワークの効果」『創文』490: 6-9.
小林盾, 2007, 「組織活性化と労働移動：フリーライダーへの転職の効果」『成蹊大学文学部紀要』42: 53-66.
小林盾, 2008, 「学歴か縁故か：初職と転職への効果」『成蹊大学文学部紀要』43: 121-34.
小林盾, 2009, 「非正規雇用と成果主義の職場への影響：SSM若年層調査の分析」『成蹊大学文学部紀要』44: 109-23.
小林盾, 2010a, 「組織活性化とネットワーク：フリーライダーへの同僚の影響」『成蹊大学文学部紀要』45: 59-74.
小林盾, 2010b, 「社会階層と食生活：健康への影響の分析」『理論と方法』25: 81-93.
小林盾, 2010c, 「JGSS-2009ライフコース調査にみる仕事への取りくみ：仕事量，アイデア提案，同僚サポートの分析」『日本版General Social Surveys研究論文集』10: 251-60.
小林盾, 2011a, 「食生活の評価の構造：食料威信スコアと飲料威信スコアの測定をとおして」『成蹊大学文学部紀要』46: 125-36.

小林盾,　2011b,「食生活の評価の構造」『第 84 回日本社会学会報告要旨集』244.

小林盾,　2011c,「ライフスタイルにおける社会的格差：食生活の外部化を事例として」『アジア太平洋研究』36: 235-42.

小林盾,　2012a,「食べ物に貴賎はあるか：社会規範と社会調査」米村千代・数土直紀編『社会学を問う：規範・理論・実証の緊張関係』勁草書房.

小林盾,　2012b,「恋愛の壁，結婚の壁：ソーシャル・キャピタルの役割」『成蹊大学文学部紀要』47: 157-64.

小林盾,　2014a,「結婚とソーシャル・キャピタル：何人と恋愛すれば結婚できるのか」辻竜平・佐藤嘉倫編『ソーシャル・キャピタルと格差社会：幸福の計量社会学』東京大学出版会.

小林盾,　2014b,「家族　なぜ結婚するのか：人的資本」小林盾・金井雅之・佐藤嘉倫・内藤準・浜田宏・武藤正義編『社会学入門：社会をモデルでよむ』朝倉書店.

小林盾,　2016a,「合理的選択理論：行為の理論」小林盾・海野道郎編『数理社会学の理論と方法』勁草書房.

小林盾,　2016b,「幸福格差社会か幸福平等社会か：社会学における幸福感研究」TASC MONTHLY 12: 13-18.

小林盾,　2016c,『アクティブ・ラーニング入門：すぐ使える中学校からの 17 メソッド』ハーベスト社.

小林盾,　2017a,「職業達成とソーシャル・キャピタル：就職活動で縁故は役立つのか」佐藤嘉倫編『ソーシャル・キャピタルと社会』ミネルヴァ書房.

小林盾,　2017b,「社会階層と食生活：量的データによる食格差の分析」外山紀子・長谷川智子・佐藤康一郎編『若者たちの食卓：自己，家族，格差，そして社会』ナカニシヤ出版.

小林盾,　2017c,「容姿の自己評価は他者からの評価と一致するのか：自計式調査による測定の可能性」『成蹊大学文学部紀要』52（印刷中）.

小林盾・海野道郎編, 2016,『数理社会学の理論と方法』勁草書房.

小林盾・大﨑裕子, 2016,「恋愛経験は結婚の前提条件か：2015 年家族形成とキャリア形成についての全国調査による量的分析」『成蹊大学人文研究』24: 1-15.

小林盾・大林真也, 2016,「分析社会学の応用：文化活動はオムニボア（雑食）かユニボア（偏食）か」『理論と方法』31(2): 304-17.

小林盾・金井雅之・佐藤嘉倫・内藤準・浜田宏・武藤正義編, 2014,『社会学入門：社会をモデルでよむ』朝倉書店.

小林盾・川端健嗣編, 2016,『成蹊大学社会調査演習 2015 年度報告書：第 7 回暮らしについての西東京市民調査』.

小林盾・小山友介・大浦宏邦, 2005,「職場のフリーライダー：サイズ，仕事内容，モチベーションの効果」大浦宏邦編『秩序問題への進化ゲーム理論的アプローチ』日本

学術振興会科学研究費報告書.

小林盾・谷本奈穂，2016，「容姿と社会的不平等：キャリア形成，家族形成，心理にどう影響するのか」『成蹊大学文学部紀要』51: 99-113.

小林盾・能智千恵子，2016，「婚活における結婚の規定要因はなにか：結婚研究の視点から，えひめ結婚支援センターを事例とした量的分析」『理論と方法』31(1): 70-83.

小林盾，カローラ・ホメリヒ，2014，「生活に満足している人は幸福か：SSP-W2013-2nd調査データの分析」『成蹊大学文学部紀要』49: 229-37.

小林盾，カローラ・ホメリヒ，見田朱子，2015，「なぜ幸福と満足は一致しないのか：社会意識への合理的選択アプローチ」『成蹊大学文学部紀要』50: 87-99.

小林盾・見田朱子編，2015，『成蹊大学社会調査演習2014年度報告書：第6回暮らしについての西東京市民調査』．

小林盾・武藤正義・渡邉大輔・香川めい・見田朱子，2015，「回収率70％への挑戦：郵送調査でどのように接触を最小化できるのか」『成蹊大学一般研究報告』49: 1-16.

小林盾・吉田幹生編，2015，『データで読む日本文化：高校生からの文学・社会学・メディア研究入門』風間書房．

小林盾・渡邉大輔編，2012，『成蹊大学社会調査実習2011年度報告書：第3回暮らしについての西東京市民調査』．

小山友介・小林盾・藤山英樹・針原素子・谷口尚子・大浦宏邦，2004，「社会的ジレンマ問題への学際的接近」『オペレーションズ・リサーチ』49(12): 733-40.

西條辰義編，2015，『フューチャー・デザイン：七世代先を見据えた社会』勁草書房．

佐藤博樹，1998，「非典型的労働の実態：柔軟な働き方の提供か？」『日本労働研究雑誌』462: 44-53.

佐藤博樹・永井暁子・三輪哲編，2010，『結婚の壁：非婚・晩婚の構造』勁草書房．

佐藤裕子・山根真理，2008，「『食』と社会階層に関する研究：高校生に対する『食生活と家族関係』についての調査から」『愛知教育大学家政教育講座研究紀要』38: 83-98.

佐藤嘉倫，1998a，「合理的選択理論批判の論理構造とその問題点」『社会学評論』49(2): 188-205.

佐藤嘉倫，1998b，「地位達成過程と社会構造：制度的連結理論の批判的再検討」『日本労働研究雑誌』457: 27-40.

七條達弘・秋吉美都・藤山英樹・田中敦・福田恵美子・友知政樹・小林盾・籠谷和弘・金井雅之，2013，「ポイント制度によるソーシャル・ネットワーキング・サービスの活性化」『理論と方法』28(2): 165-85.

七條達弘・小林盾，2004，「宗教倫理と資本主義の発達」三隅一人編『社会学の古典理論：数理で蘇る巨匠たち』勁草書房．

島井哲志・大竹恵子・宇津木成介ほか，2004，「日本版主観的幸福感尺度（Subjective Happiness Scale: SHS）の信頼性と妥当性の検討」『日本公衆衛生雑誌』51(10): 845-53.

週刊新潮，2013，「『再会愛』が加速する当世風の恋愛事情」10 月 17 日号：124-26.

白石賢・白石小百合，2010，「幸福の経済学の現状と課題」大竹文雄・白石小百合・筒井義郎編『日本の幸福度：格差・労働・家族』日本評論社．

盛山和夫，1995，『制度論の構図』創文社．

盛山和夫，2004，『社会調査法入門』有斐閣．

袖川芳之・田邊健，2007，「幸福度に関する研究：経済的ゆたかさは幸福と関係があるのか」内閣府経済社会総合研究所 Discussion Paper 182.

高橋伸夫，1997，『日本企業の意思決定原理』東京大学出版会．

高橋伸夫，2004，『虚妄の成果主義：日本型年功制復活のススメ』日経 BP 社．

竹ノ下弘久，2013，『仕事と不平等の社会学』弘文堂．

谷本奈穂，2008a，『恋愛の社会学：「遊び」とロマンティック・ラブの変容』青弓社．

谷本奈穂，2008b，『美容整形と化粧の社会学：プラスティックな身体』新曜社．

谷本奈穂，2015，「美容：美容整形・美容医療に格差はあるのか」山田昌弘・小林盾編『ライフスタイルとライフコース：データで読む現代社会』新曜社．

太郎丸博，1998，「職業評定値および職業威信スコアの基本的特性」都築一治編『職業評価の構造と職業威信スコア』1995 年 SSM 調査シリーズ 5.

筒井義郎，2010，「なぜあなたは不幸なのか」大竹文雄・白石小百合・筒井義郎編『日本の幸福度：格差・労働・家族』日本評論社．

都築一治，1998，「職業評定のモデルと職業威信スコア」都築一治編『職業評価の構造と職業威信スコア』1995 年 SSM 調査シリーズ 5.

都築一治編，1998，『職業評価の構造と職業威信スコア』1995 年 SSM 調査シリーズ 5.

土場学・小林盾・佐藤嘉倫・数土直紀・三隅一人・渡辺勉編，2004，『社会を〈モデル〉でみる：数理社会学への招待』勁草書房．

富永健一，1979，「社会階層と社会移動の趨勢分析」富永健一編『日本の階層構造』東京大学出版会．

内閣府，2011，『結婚・家族形成に関する調査報告書』．

内閣府国民生活局編，2002，『ソーシャル・キャピタル：豊かな人間関係と市民活動の好循環を求めて』．

中井美樹，2008，「階層化，ジェンダー化された消費ライフスタイルと文化資本」菅野剛編『階層と生活格差』2005 年 SSM 調査シリーズ 10.

中井美樹，2011，「消費からみるライフスタイル格差の諸相」佐藤嘉倫・尾嶋史章編『現代の階層社会 1　格差と多様性』東京大学出版会．

西村謙一・小林盾，2016，「災害リスク軽減管理事業における地方政府のパフォーマンス：フィリピンのケース」『大阪大学国際教育交流センター研究論集 多文化社会と留学生交流』20: 9-17.

日本性教育協会編，2013，『「若者の性」白書：第 7 回青少年の性行動全国調査報告』小

学館.
沼上幹，2003，『組織戦略の考え方：企業経営の健全性のために』筑摩書房.
橋本健二，2008，『居酒屋ほろ酔い考現学』毎日新聞社.
原純輔，1999，「労働市場の変化と職業威信スコア」『日本労働研究雑誌』472: 26-35.
原純輔・盛山和夫，1999，『社会階層：豊かさの中の不平等』東京大学出版会.
開内文乃，2015，「恋愛と結婚：国際結婚に見る未婚化社会のジレンマとは」小林盾・山田昌弘編『ライフスタイルとライフコース：データで読む現代社会』新曜社.
藤井聡，2003，『社会的ジレンマの処方箋：都市・交通・環境問題のための心理学』ナカニシヤ出版.
松井豊，1993，『恋ごころの科学』セレクション社会心理学 12，サイエンス社.
三浦展編，2009，『貧困肥満：下流ほど太る新階級社会』扶桑社.
水野敬也，2014，『スパルタ婚活塾』文響社.
三隅一人，2013，『社会関係資本：理論統合の挑戦』ミネルヴァ書房.
宮島喬・藤田英典編，1991，『文化と社会：差異化・構造化・再生産』有信堂高文社.
村上あかね，2010，「若者の交際と結婚活動の実態」山田昌弘編『「婚活」現象の社会学』東洋経済新報社.
森川友義，2007，『なぜ，その人に惹かれてしまうのか？：ヒトとしての恋愛学入門』ディスカヴァー・トゥエンティワン.
安田三郎，1971，『社会移動の研究』東京大学出版会.
山岸俊男，2002，「社会的ジレンマ研究の新しい動向」今井晴雄・岡田章編『ゲーム理論の新展開』勁草書房.
山口司，2013，「恋愛のプロセス」日本応用心理学会企画，大坊郁夫・谷口泰富編『クローズアップ恋愛』現代社会と応用心理学 2，福村出版.
山田昌弘・小林盾編，2015，『ライフスタイルとライフコース：データで読む現代社会』新曜社.
山田昌弘・白河桃子，2008，『「婚活」時代』ディスカヴァー・トゥエンティワン.
渡辺深，1991，「転職：転職結果に及ぼすネットワークの効果」『社会学評論』42(1): 2-16.

Bauman, Z., 1988, *Freedom*, Open University Press.
Beck, U., 1986, *Risikogesellschaft: Auf dem Weg in eine andere Moderne*, Suhrkamp.（=1998，東廉・伊藤美登里訳『危険社会：新しい近代への道』法政大学出版局.）
Becker, G. S., 1964, *Human Capital: A Theoretical and Empirical Analysis, with Special Reference to Education*, National Bureau of Economic Research.（=1976，佐野陽子訳『人的資本：教育を中心とした理論的・経験的分析』東洋経済新報社.）
Becker, G. S., 1981, *A Treatise on the Family*, Harvard University Press.

Becker, G. S., 1996, *Accounting for Tastes*, Harvard University Press.

Blanchflower, D. G., 2007, "Entrepreneurship in the UK," IZA Discussion Paper 2818.

Blanchflower, D. G. and A. J. Oswald, 2007, "Is Well-being U-Shaped over the Life Cycle?" NBER Working Paper 12935.

Blau, P. M. and O. D. Duncan, 1967, *American Occupational Structure*, Wiley.

Bourdieu, P., 1979, *La Distinction: Critique Social du Jugement*, Minuit.（=1990，石井洋二郎訳『ディスタンクシオン：社会的判断力批判』I・II, 藤原書店.）

Bourdieu, P., 1986, "The Forms of Capital," in J. G. Richardson ed., *Handbook of Theory and Research for the Sociology of Education*, Greenwood.

Campbell, A., P. E. Converse, and W. L. Rodgers, 1971, *Quality of American Life Questionnaire*, Inter-university Consortium for Political and Social Research 3508.

Chan, T. W. and J. H. Goldthorpe, 2007, "Social Status and Newspaper Readership," *American Journal of Sociology* 112(4): 1095-134.

Coleman, J. S., 1988, "Social Capital in the Creation of Human Capital," *American Journal of Sociology* 94 Supplement: S95-S120.

Coleman, J. S., 1990, *Foundations of Social Theory*, Harvard University Press.（=2004, 2006, 久慈利武監訳『社会理論の基礎』上・下，青木書店.）

Dawes, R. M., 1980, "Social Dilemmas," *Annual Review of Psychology* 31: 169-93.

Di Tella, R., R. J. MacCulloch, and A. J. Oswald, 2001, "Preferences over Inflation and Unemployment: Evidence from Surveys of Happiness," *American Economic Review* 91: 335-41.

Diener, E., E. M. Suh, R. E. Lucas, and H. E. Smith, 1999, "Subjective Well-Being: Three Decades of Progress," *Psychological Bulletin* 125: 276-302.

DiMaggio, P., 1987, "Classification in Art," *American Sociological Review* 52: 440-55.

DiMaggio, P. and F. Ostrower, 1990, "Participation in the Arts by Black and White Americans," *Social Forces* 63: 753-78.

Easterlin, R., 1974, "Does Economic Growth Improve the Human Lot? Some Empirical Evidence," in P. A. David and M. W. Reder eds., *Nations and Households in Economic Growth: Essays in Honor of Moses Abramovitz*, Academic Press.

Featherman, D. L. and R. M. Hauser, 1978, *Opportunity and Change*, Aademic Press.

Frey, B. S. and A. Stutzer, 2002, *Happiness and Economics*, Princeton University Press.（=2005，佐和隆光監訳，沢崎冬日訳『幸福の政治経済学：人々の幸せを促進するものは何か』ダイヤモンド社.）

Fujiyama, H., J. Kobayashi, Y. Koyama, and H. Oura, 2007, "Bias from Random Exit Behavior: Based on Estimation with a Dummy Variable,"『獨協経済』84: 95-102.

George, J. M., 1992, "Extrinsic and Intrinsic Origins of Perceived Social Loafing in Organizations," *Academy of Management Journal* 35: 191-202.

Granovetter, M., 1974, *Getting A Job: A Study of Contacts and Careers*, University of Chicago Press.（=1998，渡辺深訳『転職：ネットワークとキャリアの研究』ミネルヴァ書房.）

Hakim, C., 2011, *Erotic Capital: The Power of Attraction in the Boardroom and the Bedroom*, Basic Books.

Hamermesh, D. S., 2011, *Beauty Pays: Why Attractive People Are More Successful*, Princeton University Press.（=2015，望月衛訳『美貌格差：生まれつき不平等の経済学』東洋経済新報社.）

Hamermesh, D. S. and J. E. Biddle, 1994, "Beauty and the Labor Market," *American Economic Review* 84(5): 1174-94.

Hatfield, E. and S. Sprecher, 1986, *Mirror, Mirror...: The Importance of Looks in Everyday Life*, State University of New York Press.

Hedström, P., 2005, *Dissecting the Social: On the Principles of Analytical Sociology*, Cambridge University Press.

Hedström, P. and P. Ylikoski, 2014, "Analytical Sociology and Rational-Choice Theory," in G. Manzo ed., *Analytical Sociology: Actions and Networks*, Wiley.

Hommerich, C. and S. Klien, 2012, "Happiness: Does Culture Matter?" *International Journal of Wellbeing* 2(4): 292-98.

Hommerich, C. and J. Kobayashi, 2015, "Are Satisfied People Happy? An Analysis of SSP-W2013-2nd Survey Data," in W. R. Assmann and G. Trommsdorff eds., *Wissenschaftsfoerderung und unternehmerisches Handeln: Beispiel japanbezogener Forschung*, Universitaetsverlag Konstanz.

Inglehart, R., 1990, *Culture Shift in Advanced Industrial Society*, Princeton University Press.

Inglehart, R. and H-D. Klingemann, 2000, "Genes, Culture, Democracy, and Happiness," in E. Diener and E. M. Suh eds., *Culture and Subjective Well-Being*, MIT Press.

Kidwell, R. E. and N. Bennett, 1993, "Employee Propensity to Withhold Effort: A Conceptual Model to Intersect Three Avenues of Research," *Academy of Management Review* 18: 429-56.

Kobayashi, J., 2001, "Unanimous Opinions in Social Influence Networks," *Journal of Mathematical Sociology* 25(3): 287-97.

Kobayashi, J., 2013, "Mobile Social Dilemmas in an Experiment: Mobility Accelerates the Cycle, but does not Change Cooperation," *Sociological Theory and Methods* 28(2): 187-202.

Kobayashi, J., 2017, "Have Japanese People Become Asexual? : Love in Japan," *International Journal of Japanese Sociology* 26 (in press).

Kobayashi, J., M. Kagawa, and Y. Sato, 2015, "How to Get a Longer Job?: Roles of Human and Social Capital in the Japanese Labor Market," *International Journal of Japanese Sociology* 24: 20-29.

Kobayashi, J., K. Nishimura, M. Kikuchi, and M. Matammu, 2013, "Efforts for 100% Response

Rate: Local Government Survey in the Philippines as a Case,"『成蹊大学文学部紀要』48: 233-40.

Kollock, P., 1998, "Social Dilemmas: The Anatomy of Cooperation," *Annual Review of Sociology* 24: 183-214.

Lane, R. E., 2000, *The Loss of Happiness in Market Democracies*, Yale University Press.

Layard, R., 2005, *Happiness: Lessons from a New Science*, Penguin Press.

Leibowitz, A., and R. Tollison, 1980, "Free Riding, Shirking and Team Production in Legal Partnerships," *Economic Inquiry* 18: 380-94.

Liden, R. C., S. J. Wayne, R. A. Jaworski, and N. Bennett, 2004, "Social Loafing: A Field Investigation," *Journal of Management* 30: 285-304.

Lin, N., 1990, "Social Resources and Social Mobility: A Structural Theory of Status Attainment," in R. L. Breiger ed., *Social Mobility and Social Structure*, Cambridge University Press.

Lin, N., 2001, *Social Capital: A Theory of Social Structure and Action*, Cambridge University Press.（=2008，筒井淳也ほか訳『ソーシャル・キャピタル：社会構造と行為の理論』ミネルヴァ書房.）

Manzo, G., 2014, "Data, Generative Models, and Mechanisms: More on the Principles of Analytical Sociology," in G. Manzo ed., *Analytical Sociology: Actions and Networks*, Wiley.

Mennell, S., A. Murcott, and A. H. Van Otterloo, 1993, *The Sociology of Food: Eating, Diet and Culture*, Sage.

Merton, R. K., 1949, *Social Theory and Social Structure*, Free Press.（=1961，森東吾ほか訳『社会理論と社会構造』みすず書房.）

Nishimura, K., J. Kobayashi, and M. Kikuchi, 2015, "Do Mayors' Orientations affect Performance in Each Island Group?: Empirical Evidence from a Local Government Survey in the Philippines,"『大阪大学国際教育交流センター研究論集　多文化社会と留学生交流』19: 75-81.

Olson, M., 1965, *The Logic of Collective Action: Public Goods and the Theory of Groups*, Harvard University Press.（=1983，依田博・森脇俊雅訳『集合行為論：公共財と集団理論』ミネルヴァ書房.）

Organ, D. W., S. B. MacKenzie, and P. M. Podsakoff, 2005, *Organizational Citizenship Behavior: Its Nature, Antecedents, and Consequences*, Sage.（=2007，上田泰訳『組織市民行動』白桃書房.）

Peterson, R. A. and R. M. Kern, 1996, "Changing Highbrow Taste: From Snob to Omnivore," *American Sociological Review* 61(5): 900-7.

Peterson, R. A. and A. Simkus, 1992, "How Musical Tastes Mark Occupational Status Groups," in M. Lamont and M. Fournier eds., *Cultivating Differences*, University of Chicago Press.

Putnam, R. D., R. Leonardi, and R. Nanetti, 1992, *Making Democracy Work: Civic Traditions in*

Sirgy, M. J., 2012, *The Psychology of Quality of Life: Hedonic Well-Being, Life Satisfaction, and Eudaimonia*, Springer.

Spanier, G. B. and R. A. Lewis, 1980, "Marital Quality: A Review of the Seventies," *Journal of Marriage and the Family* 42: 812-39.

Tiefenbach, T. and F. Kohlbacher, 2014, "Happiness in Japan in Times of Upheaval: Empirical Evidence from the National Survey on Lifestyle Preferences," *Journal of Happiness Studies* (published online).

Tsang, L., C. Harvey, K. Duncan, and R. Sommer, 2003, "The Effects of Children, Dual Earner Status, Sex Role Traditionalism, and Marital Structure on Marital Happiness Over Time," *Journal of Family and Economic Issues* 24(1): 5-26.

Umberson, D. and M. Hughes, 1987, "The Impact of Physical Attractiveness on Achievement and Psychological Well-Being," *Social Psychology Quarterly* 50(3): 227-36.

Van Dyne, L. and J. A. LePine, 1998, "Helping and Voice Extra-Role Behaviors: Evidence of Construct and Predictive Validity," *Academy of Management Journal* 41: 108-19.

Veblen, T., 1899, *The Theory of the Leisure Class: An Economic Study in the Evolution of Institutions*. (=1998, 高哲男訳『有閑階級の理論：制度の進化に関する経済学的研究』筑摩書房.)

Veenhoven, R., 2012, "Happiness, Also Known as "Life Satisfaction" and "Subjective Well-Being"," in K. C. Land, A. C. Michalos, and M. J. Sirgy eds., *Handbook of Social Indicators and Quality of Life Research*, Springer.

Wolf, N., 1991, *The Beauty Myth: How Images of Beauty Are Used Against Women*, Anchor.

あとがき

背　景

　みなさんは，どのような楽しみを持っているでしょうか．筆者は，カフェで道行く人をボーッと眺めることを，楽しみにしています．「この人はどんな生活をしているのだろう」「あの人はどんな性格だろうか」とあれこれ想像してみます．

　もともと，「人びとがどのように生活し，日々どのようなことを考えているのか」「なぜ人びとはこんなに生き方も感じ方も多様なのに，にもかかわらず共通な部分もあるのか」といったことに，興味を持っていました．ライフスタイルへの関心といえます．

　その一方で，「世の中は平等であるべきだ」「格差はなくすべき」という意見をしばしば聞くにつけ，「そんなに単純なのだろうか」とモヤモヤしたものを感じていました．これは単純な平等観への違和感といえるでしょう．

　これまで筆者は，社会学を専攻し，とくに数理社会学，計量社会学，社会階層論，社会心理学を専門分野としてきました．理論として（社会的選択理論，ゲーム理論を含む）合理的選択理論を，方法としては数理モデルや統計分析を用いて，大学院時代は意思決定やコミュニケーションを分析しました．2005年に成蹊大学に勤務するようになってからは，仕事，食生活，恋愛と結婚，幸福感などを研究対象とするようになりました．

　今回，この本のために自分の研究を振りかえったとき，「ライフスタイルにどのような格差があるのか」という問いとしてまとめられるだろうと，気づきました．もともとこうした問題意識があったというより，結果としてそうなっていたようです．

　すると，「ライフスタイルへの関心」と「単純な平等観への違和感」が，自

分の中で自然と 1 本の糸でつながったように感じます．この本は，この謎をめぐる，ささやかな冒険だったといえるかもしれません．

　こうしてフレームが固まると，「どのパーツが土台となって最後にどのパーツが来るべきか」という本の流れが，あたかもプラモデルを組みたてるように，おのずと決まっていきました．その結果，「人びとのライフスタイルに格差があるのか」という問い（リサーチ・クエスチョン）を，美容や食生活といった 9 つの領域ごとにデータ分析し，それぞれで教育，職業，収入による多様な階層格差があることが示されました．たとえば，教育の高い人たちほど，寿司など格の高い食べ物を食べ，趣味が多彩で，幸福と感じていました（詳しくは第 1 章～第 9 章）．

　ただ，格差社会をどう捉えるべきかには，いろいろな考え方があるだろうと思います．現実に貧困に苦しんでいる人がいるのは，確かでしょう．とはいえ，根拠なく「今の生活や意識をすこし変えて，平等な社会を目指しましょう」と提案するのは，無責任でしょうし，なにより自由で多様な社会のよさを損ないかねません．そのため，終章ではあえて「格差社会が続く可能性がある」というメッセージを，現実のデータと論理的な推論に基づいて導いたつもりです．いかがだったでしょうか．

　なお，諸般の事情から小林盾『アクティブ・ラーニング入門：すぐ使える中学校からの 17 メソッド』（2016 年，ハーベスト社）が，この本よりさきに出版されました．ただ，学術書としてはこの本が筆者にとって最初の単行本（単著）となります．たまっていた宿題を，なんとか提出できた気分です．

初出一覧

　この本の第 1 章～第 9 章の初出は，以下の通りです．すべて掲載雑誌の編集委員会または掲載書籍の出版社から，転載の許諾を得ました．この本にまとめるにあたり，表現と形式を統一したり再分析したりするなど，大幅に改訂しました．

第 1 章　小林盾・谷本奈穂，2016，「容姿と社会的不平等：キャリア形成，家

族形成，心理にどう影響するのか」『成蹊大学文学部紀要』51: 99-113.

第2章　小林盾，2012,「食べ物に貴賤はあるか：社会規範と社会調査」米村千代・数土直紀編『社会学を問う：規範・理論・実証の緊張関係』第10章，勁草書房.

第3章　小林盾，2015,「食事：階層格差は海藻格差か」山田昌弘・小林盾編『ライフスタイルとライフコース：データで読む現代社会』第1章，新曜社.

第4章　小林盾・大林真也，2016,「分析社会学の応用：文化活動はオムニボア（雑食）かユニボア（偏食）か」『理論と方法』31(2): 303-316.

第5章　小林盾，2014,「結婚とソーシャル・キャピタル：何人と恋愛すれば結婚できるのか」辻竜平・佐藤嘉倫編『ソーシャル・キャピタルと格差社会：幸福の計量社会学』第5章，東京大学出版会.

第6章　小林盾・能智千恵子，2016,「婚活における結婚の規定要因はなにか：結婚研究の視点から，えひめ結婚支援センターを事例とした量的分析」『理論と方法』31(1): 70-83.

第7章　小林盾，2008,「学歴か縁故か：初職と転職への効果」『成蹊大学文学部紀要』43: 121-134.

第8章　小林盾，2010,「JGSS-2009ライフコース調査にみる仕事への取りくみ：仕事量，アイデア提案，同僚サポートの分析」『日本版General Social Surveys研究論文集』10: 251-260.

第9章　小林盾，カローラ・ホメリヒ，見田朱子，2015,「なぜ幸福と満足は一致しないのか：社会意識への合理的選択アプローチ」『成蹊大学文学部紀要』50: 87-99.

謝　辞

　この本は，多くの方がたのサポートがあってはじめて，このような形となりました．

　盛山和夫先生には，東京大学文学部社会学専修課程の学部4年生のときから東京大学大学院人文社会系研究科社会学専門分野博士課程まで，指導教授としてご指導いただきました．その過程で数理社会学，計量社会学，社会階層論といった分野に導いてもらいました．つねに大きな問題にアタックするスケール

の大きさと，それを支える強靱な思考力は，筆者にとっていつも目指すべき道しるべとなってきました．

佐藤嘉倫先生には，大学院在学中からいわば「見えない大学」でインフォーマルにアドバイスいただいてきました．合理的選択理論を武器に国際的に活躍する姿を見て，「すこしでも近づけたらなあ」と憧れてきました．

出版に当たり，お二人から出版社に刊行を推薦していただきました．これまでの計り知れない学恩を，この本ですこしでもお返しできることを願っています．

この本のオリジナル論文のうち，いくつかは共著論文でした．谷本奈穂氏，大林真也氏，能智千恵子氏，カローラ・ホメリヒ氏，見田朱子氏は，共著者として一緒に研究し，この本への再録を快諾くださいました．

この本の一部は，筆者代表のいくつかのプロジェクトの成果となっています．山田昌弘氏，今田高俊氏，Mary Brinton 氏，数土直紀氏，秋吉美都氏，金井雅之氏，筒井淳也氏，辻竜平氏，千田有紀氏，常松淳氏，金澤悠介氏，森いづみ氏，開内文乃氏，関口卓也氏，小山裕氏がメンバーとして参画くださいました（図左はデータ整理の様子）．

これまで，複数の研究プロジェクトに参加させてもらいました．志田基与師氏，木村邦博氏，三隅一人氏，大浦宏邦氏，吉川徹氏，轟亮氏，前田忠彦氏，神山英紀氏，藤山英樹氏，小山友介氏から，プロジェクトを通して多くのご教示をいただきました．

筆者は研究成果を，日本社会学会，数理社会学会，アメリカ社会学会を中心に発表してきました．学会活動を通して，山口一男氏，石田浩氏，故平田周一氏，片瀬一男氏，斎藤友里子氏，中井美樹氏，稲葉昭英氏，太郎丸博氏，Vincent Buskents 氏，Carter Butts 氏，平沢和司氏，有田伸氏，渡辺勉氏，石黒格氏，橋本努氏，七條達弘氏，浜田宏氏，村上あかね氏，神林博史氏，永吉希久子氏，打越文弥氏から有益なご意見をいただけました．

2005 年から成蹊大学文学部現代社会学科という恵まれた環境で研究，教育に打ち込めたのは，筆者にとってなによりの幸運でした．渡邉大輔氏，今田絵

図 プロジェクトのデータ整理の様子(左,2009年6月),成蹊大学小林ゼミの様子(右,2017年1月)
注)プロジェクトは「アジア太平洋地域における社会的不平等の調査研究」.

里香氏,内藤準氏とは,同僚として毎週のミーティングで議論を重ねてきました.

　大﨑裕子氏,川端健嗣氏は,この本の原稿をなんどもチェックしてくれました.大﨑裕子氏には,文献リストの作成や校正作業も手伝ってもらいました.この本全体で統一感が出せたとしたら,とりわけお二人のおかげです.

　成蹊大学で筆者の担当するゼミ(小林ゼミ)には,社会心理学をテーマに毎週20名ほどの学生が参加します.しばしば筆者が「こんな実験をしてみよう」「みんなこれについてどう思う?」など新しいことにチャレンジしようとすると,面白がって一緒に作業してくれます.そうしたなかから,この本のアイデアのいくつかが生まれました.伊東千晶氏,柴田和徳氏,渡辺ともみ氏,岩重卓磨氏,森麻実氏,青木達也氏,松本康輝氏,鵜飼大生氏,宮里早季氏,楫田知子氏,助川和真氏,青木美与氏といった歴代のゼミ長(すべて旧姓)はじめ,ゼミ生みなさんのおかげです(図右).

　2006年から社会調査士課程で実習の授業を担当し,毎年ランダム・サンプリング調査を実施することができました.そのなかで,「食料威信スコア」や「主観的容姿」など実験的な新しい試みをすることができました.武藤正義氏,相澤真一氏,渡邉大輔氏,香川めい氏,見田朱子氏,川端健嗣氏には,社会調査士課程室の助手としてデータ収集や分析に協力してもらいました.サンプリングに当たり,東京都西東京市役所の選挙管理委員会から許可を得ました.

家族の支えなくして，これまでの研究を進めることはできませんでした．亡き父清人，ますます元気な母和子から，研究者としてのあるべき姿を学んできました．娘の千紗からは，いつもエネルギーをもらっています．
　東京大学出版会の宗司光治氏は，つねに適切なアドバイスをくださり，励ましてくれました．筆者はこれまで，研究成果をもっぱら論文として発表してきました．今回，氏から「書籍として発信することも大切なのでは」とご提案いただき，これまでの研究をまとめる機会となりました．筆者がはりきりすぎて「こんな風にしてみたいのですがどうでしょうか」とあれこれ提案するたび，けっして嫌な顔をすることなく現実的な可能性を模索してくださいました．

研究助成，データ提供

　この本は，いくつかの研究助成を得ています．筆者が代表のものとして，成蹊大学アジア太平洋研究センター助成（共同プロジェクト，アジア太平洋地域における社会的不平等の調査研究，2008-10 年度），JSPS 科研費 21530554（基盤研究 C，非正規雇用労働をめぐる社会的格差の調査研究：若年世代のキャリア形成に着目して，2009-11 年度），JSPS 科研費 24330160（基盤研究 B，少子化社会における家族形成格差の調査研究：ソーシャル・キャピタル論アプローチ，2012-14 年度），成蹊大学アジア太平洋研究センター助成（共同プロジェクト，ライフコースの国際比較研究：多様性と不平等への社会学的アプローチ，2014-16 年度），日本経済研究センター研究奨励金（格差社会における幸福のメカニズムの調査研究：日独比較を中心として，2014-15 年度），JSPS 科研費 JP15H01969（基盤研究 A，少子化社会におけるライフコース変動の実証的解明：混合研究法アプローチ，2015-18 年度）の研究助成を得ており，その成果の一部です．
　第 4 章は，JSPS 科研費 JP16H02045 の助成を受けて，SSP プロジェクト（http://ssp.hus.osaka-u.ac.jp/）の一環として行われたものです．SSP2015 データの使用にあたっては SSP プロジェクトの許可を得ました．
　第 5 章で使用した結婚と子育て支援にかんする東京都民調査は，二十一世紀文化学術財団（学術奨励金，子育ての機会格差の社会関係資本による是正：ミクロデータとマクロ指標の連結による計量分析，2010 年度，金井雅之代表）

の助成を受けて実施されました．

　第6章のデータは，愛媛県法人会連合会と愛媛電算から提供を受けました．

　第7章は，文部科学省科研費16001001の助成を受けています（特別推進研究，現代日本階層システムの構造と変動に関する総合的研究，佐藤嘉倫代表）．データ使用について，2015年SSM調査データ管理委員会の許可を得ました．

　第8章のデータである日本版General Social Survey 2009ライフコース調査（JGSS-2009LCS）は，大阪商業大学JGSS研究センター（文部科学大臣認定日本版総合的社会調査共同研究拠点）が実施している研究プロジェクトです．

　第9章のデータの一部は，二次分析に当たり，東京大学社会科学研究所附属社会調査・データアーカイブ研究センターSSJデータアーカイブから「生活の質に関する調査，2012」（内閣府経済社会総合研究所）と日本版総合的社会調査JGSS-2006の個票データの提供を受けました．データを使用したのは筆者のみで，初出論文の共著者は使用していません．

　出版に当たり，成蹊大学学術研究成果出版助成を受けました（2016年度）．以上，記して感謝いたします．

　　2017年1月

　　　　　　　　　　　　　　　　　　　　　　　　　　　小　林　　盾

索　引

ア

アイデア提案　140
アンケート調査　13
威信スコアの非一貫性　54
威信スコアの比較　46
イースタリン・パラドクス　163
1次活動　2
因果メカニズム　71
因子分析　76
インタビュー調査　13
インドネシア　162
ウェル・ビーイング（善き生）　7, 21, 149, 153
　　短期的——　153
　　長期的——　153
うなぎ　45
SSM調査（社会階層と社会移動全国調査）　39
　　——（1995年）　75
SSM日本調査（社会階層と社会移動日本調査）（2005年）　125-126, 138
えひめ結婚支援センター　107
エンゲル係数　56
縁故　121
　　グループ別の——利用者の分布　129
横断的調査　137
オッズ比　114
オムニボア　70
　　——・スコア　77
　　——説　70
　　グループ別の——・スコアの平均　80

カ

回帰分析　19
下位グループ　47
外見資本　23
皆婚社会　87
回収　90
海藻　58
　　——格差　63
階層
　　——格差　9, 170
　　——化社会　170
　　——帰属意識　176
　　——的地位　8
階層と社会意識全国調査（SSP調査）（2015年）　76
下位文化（サブカルチャー）　175
格差　9
　　——の条件　177
　　グループ間——　170
　　個人間——　170
格差社会　172
　　ソフトな——　171
　　ハードな——　171
学歴　122
家計調査　55-56
仮説　14
家族形成　7, 27, 87
カタパルト効果　133
学校関係　127
学校基本調査　5
活動時間の推移　3
カップ麺　45

205

カプラン・マイヤー・プロット　112
機会　72
幾何平均　77
期待効用理論　72
規定構造　10
規定要因　20
キャリア形成　7, 26
求職方法　124
　　　——の分布　128
教育グループ　8
教育年数　18
暮らしについての西東京市民調査
　　　——（2011年）　44
　　　——（2014年）　155
　　　——（2015年）　26
グラノヴェター, M.　123
係数　19
血縁関係　127
月間実労働時間の推移　136
結婚
　　　——格差　17, 88
　　　——支援　100
　　　——市場　89, 99
　　　——の出会いの推移　88
　　　グループ別の——による退会者の比率　113
　　　幸福な——　101
　　　見合い——　87
　　　恋愛——　87
結婚と子育て支援にかんする東京都民調査　93
高級食　47
高級文化（ハイカルチャー）　42, 70
合計特殊出生率　4
広告　121
交互作用　20
交際人数　91, 93
　　　——の分布　94
　　　グループ別の——の平均　95

幸福　149
　　　——格差　18, 152, 161
　　　——のパラドクス　163
合理的選択　12, 72
合理的選択理論　12, 123
　　　——の中心仮定　72
国際比較　85, 134, 162
国勢調査　88, 103-104
国民健康・栄養調査　58
心の中の引き出し　52
個人化社会　172
個人化説　71
個人的紐帯　127
コネ　121
雇用動向調査　121-122
コロッケ・フライ　45
婚活　88
混合研究法　178

サ

佐藤嘉倫　123
さぼり　136
産業　18, 134
　　　——化仮説　174
3次活動　2
算術平均　77
JGSS-2009 ライフコース調査（特別調査「働き方と暮らしについての調査」）　139
仕事格差　17, 137, 146
仕事への満足度　147
仕事量　140
　　　グループ別の——の平均　142
実行機会　79
質的データ　13, 162
資本　89
社会階層研究　5, 174
社会階層とライフスタイルについての西東京市民調査
　　　——（2009年）　59

——（2010 年）　59
社会関係資本（ソーシャル・キャピタル）
　　37, 91, 122-123
社会規範　53
社会経済的地位　8
社会生活基本調査　2-3, 69-70
社会的ジレンマ　136
社会的ネットワーク分析　123
社会保障・人口問題研究所人口統計資料　87
写真法　67
従業上の地位　18
就職活動　121
　　——格差　17, 122, 133
就職構造基本調査　122
収入グループ　8
主観的幸福感と生活満足度
　　——のクロス表　158
　　——の推移　150
　　——の分布　157
　　グループ別の——の比率　159
主観的自由　79
出産人数　99
出生動向基本調査　87-88, 103, 111
生涯未婚率　4, 87
　　——の推移　104
小集団実験　148
消費　69
職業　18
　　——グループ　8
　　——達成　122
職業威信　39
職業威信スコア　39, 41, 124
　　——の分布　128
食生活　59
　　——格差　16, 42, 51
食生活満足度　49
食生活満足の分布　48
食料威信　43
食料威信スコア　43

　　——の分布　46
　　グループ別の個人の——の平均　49
　　個人ごとの——　48
　　個人の——　48
初職　121
人口動態統計　4, 88
人的資本　23, 91, 122-123
信念　71-72
心理　27
寿司　45
生活の質に関する調査　150-151
生産　69
盛山和夫　52
世界価値観調査　149-151
セーフティ・ネット　132
属性　8
組織市民行動　136

タ

対応説　70
大学進学率　5
怠業　136
大衆食　47
大衆文化　42, 70
対人魅力　21
ただ乗り（フリーライド）　135
ダミー変数　19
多様化　5, 167
多様性のパラドクス　173
多様性への信念　79
男性リーグと女性リーグ　36
地位　8
中間食　47
中間文化　42, 70
直接参入　127
強い紐帯　123
DPO 理論　72
手抜き　136
　　社会的——　136

天ぷら　45
等価所得　19
投資　90
同僚　139
　　──サポート　140
独立変数と従属変数　19
共働き世帯率　5

ナ

内閣支持率調査　52
2次活動　2
20歳時容姿
　　──と現在容姿の分布　29
　　グループ別の──の平均　30
日本人の好きなもの調査　44
日本版総合的社会調査　150-151
入職経路　124
ネットワーク　121
　　──の大きさ　100

ハ

排除説　70
ハザード比　114
非正規雇用率　5
ピーターソン, R. A.　70
美容　21
　　──格差　15, 23, 35
　　──資本　23
平等　165
　　──社会　170
フィリピン　162
フィールド調査　13
復縁　90
副菜　55-56
　　──格差　16, 57
不平等研究　69
　　社会的──　5, 174
ぶら下がり　136
フリーライダー　140

　　──項目の分布　141
　　──問題　135
　　職場の──　136
ブルデュー, P.　40, 57
ブレーキ効果　133
文化威信　40
文化威信スコア　40-41
文化格差　16, 71, 84
文化活動　7, 69, 75
文化資本論　40, 69
文化消費　69
分析社会学の中心仮定　72
分布　19
平均初婚年齢　88
ベッカー, G. S.　91
ヘドストローム, P.　72
変数　19
母集団と標本　19
ポテトチップ　45
ホワイトカラー労働者の比率の推移　22

マ

毎月勤労統計調査　135-136
マッチング　100
マルクス, K.　5, 69
満足　149
　　──格差　152, 161
　　──度　155
ミクロ・マクロ・リンク　72
未婚化　88
みそ汁　45
未来　174

ヤ

焼き魚　45
役割外行動　136
役割内行動　136
野菜　58
　　──格差　63

──や海藻を毎日食べる人の分布　60
　　グループ別の──や海藻を毎日食べる人の
　　　比率　61
有意　19
ユニボア　70
　　──・スコア　78
　　グループ別の──・スコアの平均　80
容姿　22
　　──の影響の男女差　33
　　──の帰結　31
　　──の規定要因　28
　　主観的──　25
余暇時間　69
　　──の推移　70
よく似た姉妹　162
欲求　72
4つの社会像の関連　172
4つの社会像の分布シミュレーション　171
弱い紐帯　123

ラ・ワ

ライフ　2
ライフコース　3, 178
　　標準的──　4
ライフスタイル　2
　　──時計　168-169
　　──の未来の場合分け　175
　　標準的──　4
　　豊かな──　178
ライフスタイル格差　6, 9, 167, 173
　　──社会　167
　　──の規定構造　167
ランダム・サンプリング（無作為抽出）　13
リサーチ・クエスチョン　14
リトマス試験紙　66
理念型　20
領域（ドメイン）　7
量的データ　13
料理の格　42
リン, N.　91
ルックス　22
恋愛格差　17, 99
　　──社会　101
恋愛から結婚への移行　87
　　──の格差　89
恋愛ゼミ　100
労働力調査　5, 21-22, 137
ワーク・ライフ・バランス　137, 146
　　──の分布　141
　　グループ別の──の平均　144

著者略歴
1968 年　東京生まれ
1993 年　東京大学文学部社会学科卒業
1999 年　東京大学大学院人文社会系研究科単位取得退学
2004 年　シカゴ大学大学院社会学研究科博士候補
　　　　成蹊大学文学部講師，准教授を経て
現　在　成蹊大学文学部教授
　　　　修士（社会学）

主要著作
『社会調査の応用　量的調査編』（共編，弘文堂，2012 年）
『社会学入門』（共編，朝倉書店，2014 年）
『データで読む日本文化』（共編，風間書房，2015 年）
『ライフスタイルとライフコース』（共編，新曜社，2015 年）
『数理社会学の理論と方法』（共編，勁草書房，2016 年）
『アクティブ・ラーニング入門』（ハーベスト社，2016 年）

ライフスタイルの社会学
データからみる日本社会の多様な格差

2017 年 3 月 28 日　初　版

［検印廃止］

著　者　小林　盾
　　　　（こばやし　じゅん）

発行所　一般財団法人　東京大学出版会
　　　　代表者　吉見俊哉
　　　　153-0041 東京都目黒区駒場4-5-29
　　　　http://www.utp.or.jp/
　　　　電話 03-6407-1069　Fax 03-6407-1991
　　　　振替 00160-6-59964

組　版　有限会社プログレス
印刷所　株式会社ヒライ
製本所　牧製本印刷株式会社

©2017 Jun Kobayashi
ISBN 978-4-13-056112-9　Printed in Japan

JCOPY〈(社)出版者著作権管理機構 委託出版物〉
本書の無断複写は著作権法上での例外を除き禁じられています．複写される
場合は，そのつど事前に，(社)出版者著作権管理機構（電話 03-3513-6969，
FAX 03-3513-6979, e-mail: info@jcopy.or.jp）の許諾を得てください．

現代の階層社会（全3巻） A5 各4800円
- [1] 格差と多様性　佐藤嘉倫・尾嶋史章（編）
- [2] 階層と移動の構造　石田 浩・近藤博之・中尾啓子（編）
- [3] 流動化のなかの社会意識　斎藤友里子・三隅一人（編）

ソーシャル・キャピタルと格差社会	辻 竜平・佐藤嘉倫（編）	A5・3800円
日本の不平等を考える	白波瀬佐和子	46・2800円
少子高齢社会のみえない格差	白波瀬佐和子	A5・3800円
〈生〉の社会学	藤村正之	46・2800円
就業機会と報酬格差の社会学	有田 伸	A5・3400円
相対的剝奪の社会学	石田 淳	A5・4800円
社会階層	原 純輔・盛山和夫	46・2800円
後期近代と価値意識の変容	太郎丸 博（編）	A5・3600円
変化する社会の不平等	白波瀬佐和子（編）	46・2500円

ここに表示された価格は本体価格です．ご購入の際には消費税が加算されますのでご了承ください．